EASY SWEDISH PHRASE BOOK

Over 1500 Common Phrases
For Everyday Use And Travel

Lingo Mastery

www.LingoMastery.com

ISBN-13: 978-1-951949-40-2

Free Book Reveals the 6-Step Blueprint That Took Students **from Language Learners to Fluent in 3 Months**

- **6 Unbelievable Hacks** that will accelerate your learning curve

- **Mind Training:** why memorizing vocabulary is easy

- **One Hack to Rule Them All:** This secret nugget will blow you away...

Head over to **LingoMastery.com/hacks**
and claim your free book now!

TABLE OF CONTENTS

INTRODUCTION

Learning a new language is almost like opening a hidden door in your brain, which leads you straight into a whole new world! It changes the way you think and how you perceive things around you, not to mention that you could come to learn phrases and ways to express yourself that might not even exist in your native language.

Swedish is an interesting language to learn, and if you have made it this far, then you are probably in the process of doing exactly that. "Hej och välkomna!" as we often say in Sweden when initiating a meeting or a class, meaning "Hello and welcome". With this book, you will learn how to handle a variety of situations in Swedish, no longer having to rely exclusively on English.

If you have visited, lived in, or currently live in Sweden, you probably know that most Swedes speak English and that the few who don't tend to at least understand it. So, with that in mind, you may wonder – why even bother to learn Swedish? Well, the answer is simple. When you learn to speak, read, write and understand Swedish, you will also, simultaneously, begin to understand the culture and its people in ways you didn't before - and this is something you don't want to miss out on. So even though you can get around using only English, you will always feel a little bit like an outsider. Learning Swedish equals the key to that hidden door we mentioned earlier!

The best way to learn a language is to dig all the way down to the roots in order to understand its foundation. This is what we are going to do in this book: provide you with the necessary tools for starting to speak Swedish. That's right – start.

Many language learners make the mistake of aiming for perfection right away, making things more difficult for themselves than they have to – when in reality, your goal should be to simply get started. Try talking to native language speakers, even if you only know a few sentences. As with anything, practice makes perfect!

1

So, allow us to take you on an exciting journey through all the phrases and expressions you will need to get by in Sweden, and little by little, you will be twisting your key in the lock of that hidden door. There is a whole new language on the other side.

Now, an important step when learning any language is to figure out the pronunciation. Knowing how to pronounce words and phrases will make it easier for others to understand you, and it also tends to give you the confidence and motivation you need to continue learning. Are you ready? Let's get started!

Pronunciation of the Swedish Alphabet

The easiest and most effective first step in order to understand basic Swedish pronunciation, is to take a moment and learn the Swedish alphabet. Just think back to when you were learning the alphabet in preschool, and how this helped teach you how to read. For this reason, let's have a look at the Swedish alphabet!

Swedish and English share the same 26 letters. However, in Swedish you also have an additional three letters: the vowels Å, Ä, and Ö. Since the aim of this book is to guide you through the whole process of learning Swedish, we will start at the beginning, with the letter A, and finish at the end, with Ö.

One of the most important things to know, is that Swedish vowels can be pronounced in two different ways: either short or long. For this reason, short and long vowel sounds are referenced throughout the list below. Here are some general rules for whether a vowel is short or long: you can only have a long vowel in a stressed syllable, all vowels in unstressed syllables are short. Stressed syllables may contain short vowels, but the vowel will usually be long if it's followed by no consonant, or by only one consonant. If followed by more than one consonant, the vowel should be short.

Vowels can also be hard or soft! A, O, U, and Å are hard vowels; E, I, Y, Ä, Ö are soft vowels. This sometimes affects how other letters surrounding the vowel is pronounced.

Some letters also tend to form "letter-clusters" in certain words – different combinations of letters, which change the pronunciation. A few examples are SCH, GJ, SK, and TJ. Don't worry about this, we'll dive deeper into these combinations later!

Each letter will include the following information:

- How to pronounce the letter when reciting the alphabet as well as in regular speech, with English examples.
- How vowel sounds differ between long and short vowels.
- Examples of a few Swedish words beginning with that letter, and how to pronounce them.

A

When the A is long, it's pronounced like the A in the English word 'Far'. Another good example is the A in 'Art'. This is also how the letter is pronounced when reciting the alphabet. On the other hand, when the A is short, there isn't an exact equivalent in English. It's similar to an English short A ('Cat' or 'Bad'), but allow your mouth to linger on the A for a little longer, opening the mouth slightly sideways, as if to smile. It's also similar to how you might pronounce 'ahh'. If you speak Spanish, a better comparison would be the first A in words like 'Casa' and 'Taza'. If you know German, it can be likened to the A in 'Schnaps'.

Examples of Swedish words beginning with a long A are 'Apa' (*AH-pah*, Monkey) and 'Av' (*AHV*, Off/By). Some Swedish words with a short A are 'Affär' (*aff-AIR*, Shop) and 'Apelsin' (*AHPP-ell-SEEN*, Orange – the fruit, not the color).

Remember, for the long A-sound it can help to open your mouth as if you are singing opera, and for the short A-sound to stretch your mouth sideways like you do when saying 'Cheese' for a family photo.

B

The letter B is pronounced the same as in the English language, and there is only one way to pronounce it. When reciting the alphabet, B is pronounced like 'Beer' without the 'r'.

A couple of Swedish words beginning with the letter B are 'Barn' (*barn* – although pronounced similar to the English word 'Barn' – the Swedish word means Child) and 'Bok' (*bohk*, Book).

C

The Swedish C can be pronounced in two ways: firstly, with an S-sound when it's followed by an I, E or Y, and secondly, with a K-sound. The S-sound is by far the most common, with the K-sound mostly appearing in loanwords that have been adopted from foreign languages. Cs that sound like an S can be found in words like 'Citron' (*see-TROUN*, Lemon) and 'Centrum' (*SENT-roum*, Center).

As for the K-sound, some examples would be 'Café' (*KAFF-eh*) and 'Camping' (*KAMM-ping*), which are words you'll recognize from English. Swedish also combines C and K sometimes, making a hard K-sound, like in the English 'La<u>ck</u>' and 'Ta<u>ck</u>y'. A Swedish example of this is 'Vecka' (*VECK-ah,* Week).

When reciting the alphabet, C resembles the English word 'Sear', but without the 'r'!

D

This is another consonant that sounds the same as in English. When it comes to reciting the alphabet, it's pronounced similar to the English words 'Deer' or 'Dear' without the 'r' at the end!

Some Swedish words beginning with D are 'Dag' (*dahg,* Day), and 'Dans' (*dah-ns,* Dance).

E

The vowel E has a long and a short vowel sound, depending on its placement within a word. The long E sounds much like the English 'Ear' without the 'r' – this is also how the letter E is pronounced when reciting the alphabet. The short vowel sound is comparable to the E in 'D<u>e</u>ck' and 'N<u>e</u>t', and not the English E-sound in, for example, 'N<u>ee</u>d'.

Do you remember the mouth movements to pronounce a long and short A-sound? The same applies to the E. The short E-sound, like in the name '<u>E</u>lton', requires you to open your mouth only a little. The long E-sound on the other hand, as found in names like '<u>E</u>rik' and '<u>E</u>mil', is created by stretching your mouth into a smile. Try it yourself to see how different they sound!

A few Swedish words beginning with a long E are 'El' (*eh-l,* Electricity), and 'Envis' (*EHN-vees,* Stubborn), a word beginning with a short E is 'Eld' (*ell-d,* Fire).

F

The F sounds just like the F you are used to, both when used in a word and when reciting the alphabet.

Some Swedish words beginning with F are 'Fest' (*fesst,* Party), 'Faster' (*FAH-sterr,* Aunt), and 'Fika' (*FEE-kah,* a word that the English language doesn't have but can be roughly translated to: Coffee break).

G

The letter G can be pronounced in two ways: either with a hard G-sound, like in '<u>G</u>regory' or '<u>G</u>reat', or with a Y-sound similar to the first letter in '<u>Y</u>esterday'. G is pronounced with a hard G-sound when it's followed by the so-called "hard vowels": A, O, U and Å. It's pronounced like a Y (soft G) when followed by what we call the "soft vowels": E, I, Y, Ä and Ö.

When reciting the alphabet, G sounds like the English 'Gear' without the 'r'.

Examples of Swedish words for these are 'Gaffel' (*GAHFF-ell,* Fork) for the G-sound and 'Gilla' (*YILL-ah,* Like) for the Y-sound.

H

The Swedish H is pronounced like the H in English words like '<u>H</u>otel'. When reciting the alphabet, H sounds similar to the word 'Horse' without the 'rse'.

Some Swedish words beginning with H are 'Hej' (*hey,* Hi), 'Hoppa' (*HOPP-ah,* Jump), and 'Hungrig', (*HOUNG-rigg,* Hungry).

I

As with all the vowels, the letter I can have a long or a short sound. The difference between these sounds can be compared to the difference between the English 'P<u>i</u>zza' and 'P<u>i</u>t'; a long Swedish I is pronounced more like a double E in English words like 'St<u>ee</u>p' and 'B<u>ee</u>', or the 'ea' in 'Fl<u>ea</u>' and 'T<u>ea</u>'. The short I sounds more like the I in 'D<u>i</u>d' or 'H<u>i</u>d'.

When reciting the alphabet, the longer vowel sound is used. The long and short sounds are created with the same mouth movements we described previously!

Some Swedish words where the I is short are 'Inte' (*INN-tuh*, Not) and 'Illa' (*ILL-ah*, Bad). An example of a Swedish word where the I is long is 'Is' (*eess*, Ice).

Fun fact: the letter I (long vowel sound) is actually a Swedish word on its own – it's the English preposition 'In'!

J

The J in Swedish is pronounced like the Y in English words like 'Yellow' and 'Yes'. The letter itself, when reciting the alphabet, is pronounced *"Yee"* as in the word "yield" without the letters ld.

A few Swedish words beginning with J are 'Ja' (*yah*, Yes), 'Jobba' (*YOBB-ah*, Work), and 'Jul' (*you-l*, Christmas).

K

Here we have a letter that can sound either like the K in 'Keen' and 'Karl', or like the 'Sh' in 'Shop' and 'Shame'. The rule here is the same as for the letter G; K is pronounced with a hard K-sound when it's followed by the hard vowels: A, O, U and Å. It (usually) is pronounced like *"sh"* (soft K) when followed by the soft vowels: E, I, Y, Ä and Ö.

Examples of Swedish words where the K sounds like a K are 'Katt' (*kahtt*, Cat) and 'Kamera' (*KAH-merr-AH*, Camera), and you will find the *"sh"*-sound in words such as 'Köpa' (*SHUH-pah*, Buy) and 'Kärlek' (*SHARE-lehk*, Love).

When reciting the Swedish alphabet, K is pronounced like the first bit of 'Core', without the 're' at the end.

L

When pronouncing the letter L, there is not much difference between Swedish and English; when using it in a word it will sound more or less like the L in names such as 'Lily' and 'Larry'. When reciting the alphabet, L sounds like the first syllable of the name 'Ellen', similar to when reciting the English alphabet.

The only real difference is the placement of your tongue! When saying a Swedish L, your tongue should be closer to your front teeth than in English, but without actually touching them. This will make sense if you try saying an English L to yourself first, while becoming aware of the placement of your tongue, and then try to let only the tip of your tongue touch the upper palate.

Some Swedish words beginning with the letter L are 'Ladda' (*LAHDD-ah*, Charge), 'Ledsen' (*LESS-enn*, Sad), and 'Läsa' (*LEH-sah*, Read).

M

Nothing too complicated here, since the M is another letter that is pronounced the same as in English, both when reciting the alphabet and when included in words. Some words will be written with a double M, but this does not change the sound of the letter itself.

A few Swedish words beginning with M are 'Mamma' (*MAHMM-ah*, Mum) and 'Middag' (*MIDD-ahg*, Dinner).

N

This one is easy - the same rules apply with the N as with the M!

Some Swedish words beginning with N are 'Namn' (*nah-mn*, Name), 'Nej' (*ney*, No), and 'Näsa' (*NEH-sah*, Nose).

O

A Swedish long O-sound can be hard to replicate. It is sometimes similar to the 'Ooh' in the phrase '<u>Ooh</u> la la', and sometimes the 'ou' in 'Gh<u>oul</u>'. Tighten your lips as if blowing out a candle or sucking on a straw, and the sound should come out more or less the right way! This is also the way you pronounce O while reciting the alphabet. The short O sounds more like the O in '<u>O</u>liver'.

A couple of Swedish words beginning with a long O-sound are 'Olika' (*oh-LEEK-ah*, Different) and 'Ord' (*ourd*, Word). An example of a word with a short O-sound is 'Ofta' (*OFF-tah*, Often).

P

Don't worry about the Swedish P – it's pronounced exactly the same as in English words. When reciting the alphabet, however, the letter is pronounced like the English 'Peer' without the 'r'!

Examples of Swedish words beginning with P are 'Pappa' (*PAHPP-ah*, Dad), 'Prata' (*PRAH-tah*, Talk), and 'Person' (*peh-SHOHN*, Person).

Q

The Swedish Q has a K-sound, but the letter is not commonly used in the Swedish language. When reciting the alphabet, Q is pronounced similarly to the English 'Coo'.

A couple of Swedish words beginning with Q are 'Queer', and 'Quiche', which have the same meaning and pronunciation as in English!

R

The Swedish R tends to have more of a "roll" to it than its English counterpart. While the English R is located further back in the mouth, the Swedish R is just a little bit behind your upper teeth – try the difference between rolling your tongue into an *"rrr"*-sound in these different areas of your mouth! Swedish words are generally shaped closer to the mouth's opening, while English words are typically formed further back!

The R-sound can also sound differently depending on what comes after it, in casual speaking. For instance, native Swedish speakers tend to lazily avoid rolling their Rs when they can combine two letters into one simple sound. Times when this occurs include combinations like: RD, RN, RT, and RL. Another instance is the combination RC, for example found in the name of the Spanish city Barcelona, which you might hear being pronounced *"bah-shell-AU-nah"*, with the R and C turning into a *"sh"*-sound.

However, as a beginner, it's better to simply focus on getting the sound of the R right before focusing on any of this, since it's not important when it comes to making others understand you.

When it comes to reciting the alphabet, R is pronounced similar to the word 'Air', or the first syllables of words like 'Error' and 'Errand' – just try and create the sound close to your mouth's opening, and roll the R!

Some words beginning with R are 'Rast' (*rah-st*, Break), 'Rita' (*REE-tah*, Draw), and 'Ros' (*rou-s*, Rose).

S

As you might have noticed, several Swedish letters sound the same as in English words, and are pronounced the same in both the Swedish and English alphabets. S is one of them!

A few Swedish S-words are 'Sann' (*sah-n*, True), 'Soffa' (*SOFF-ah*, Couch), and 'Stor' (*st-ou-r*, Large).

T

You pronounce the Swedish T just like you would in words like 'Table' and 'Tree'; words beginning with T, rather than the T-sound you sometimes hear in the middle of a word. 'Letter', for instance, sounds more like 'Ledder' - and this is not the T-sound we're looking for! When reciting the alphabet, T sounds like the word 'Tear', but without the 'r'.

Some Swedish words beginning with T are 'Tack' (*tak*, Thanks), 'Tid' (*tee-d*, Time), and 'Trött' (*tr-uh-tt*, Tired).

U

The U is a letter you might have to *hear* to understand, as there is no sound that compares to it in the English language. A close comparison would be the O-sound in the words 'Two' or 'You', but it's not exactly the same.

You will want to shape your mouth like a small and tight O, again like when blowing out a candle, and try to say 'Ooh' while keeping your mouth tense. This would be for the long U vowel sound, while the short U sounds more like 'Uh'. The long sound is made closer to your mouth's opening, while the short sound comes from further back, near your throat. When reciting the alphabet, say the long U!

A couple of Swedish words beginning with a long U are 'Ut' (*oot*, Out) and 'Ubåt' (*oo-BAUT*, Submarine). Some words beginning with a short U are 'Ung' (*uh-ng*, Young) and 'Uppfinna' (*oupp-FINN-ah*, Invent).

V

V is yet another letter that sounds the same as in English. When reciting the alphabet, however, it's pronounced like 'Veer' without the 'r'!

Some Swedish words beginning with V are 'Vacker' (*VACK-err*, Beautiful), 'Vinna' (*VINN-ah*, Win), and 'Vokal' (*voh-KAHL*, Vowel).

W

Interestingly enough, a Swedish W is often pronounced the same as a Swedish (and English) V. In fact, while English refers to it as a "Double U", Swedish calls it a "Double V": 'Dubbel-V'! Say this when reciting the alphabet, pronounced "*duhb-ell-veeh*".

There are some exceptions to pronouncing W as V. There aren't that many Swedish words beginning with W, and most of the ones that do exist are loanwords. Some of these loanwords are pronounced like they would be in their original languages, even though some of them have "Swedishized" the spelling. A few examples are 'Whisky', 'Wok' (both identical to English), and 'Webbsajt' (*vebb-site*, Website).

X

The X is not commonly used in the Swedish language, but you will find it in words like 'Kex' (*kecks*, Cracker), 'Vax' (*vahcks*, Wax), 'Växt' (*veckst*, Plant) and 'Växel' (*vecks-ell*, Change/Gear). It's pronounced "*ks*" when used in words, and the letter itself when reciting the alphabet is pronounced "*eks*", just like in English.

One of the few Swedish words beginning with X is 'Xylofon' (*KSYLL-oh-f-AWN*, Xylophone)!

Y

In Swedish, Y is a vowel! It's pronounced like the Y at the end of names like 'Mary' and 'Terry'. It's essentially the same sound as a German Ü, sounding more like "*ue*"!

Some learners make the mistake of thinking that there is no difference between a Swedish Y and I. To a non-native speaker the two vowels can sound very similar – but there is a difference, and native-speakers will notice it. A useful trick to help you learn the difference is to start saying the long I-sound (like the 'ee' in 'B<u>ee</u>') out loud and hold it, while you slowly go from the smile-like expression you're currently making, into an O expression, with your lips forming an O. By the time you're doing that O expression, you should be correctly pronouncing the Y-sound.

If you want to test whether you're pronouncing it right, you can try to see if you can balance a pencil on your upper lip. It might seem silly, but when making the correct Y-sound your lips should stick out, and when you're in the process of learning, exaggeration can be a valuable tool!

As we know by now, vowels have a long and a short sound. When following the instructions above, you should be making a long Y-sound. Say a long Y when reciting the alphabet! The short Y is more like the Y in 'Mar<u>y</u>'.

Sometimes, Y is pronounced more like a Swedish J, or an English Y. This is often the case in loanwords, like 'Yacht' and 'Yen'.

A couple of Swedish words beginning with a long Y are 'Yr' (*uer*, Dizzy) and 'Yta' (*UE-tah*, Surface, Area). An example of a word beginning with a short Y is 'Yrke' (*UERR-keh*, Profession).

Z

Another letter you won't see much of in Swedish is the Z, but it does exist – although most words beginning with Z are loanwords. Unlike many other languages, Swedish doesn't usually differentiate between the Z and the S, with the exceptions for a few loanwords where the Z has more of a *"ts"*-sound.

When reciting the alphabet, it gets a bit trickier: Z is pronounced *"säta"* in Swedish. We haven't gotten to the Swedish letter Ä yet, but don't worry – we'll get to it soon. For now, try saying *"s-eh-tah"*, with the *"eh"* resembling the E-sound in 'B<u>e</u>d', but making it longer!

Some Swedish loanwords beginning with Z are 'Zebra' (*SEH-brah*), 'Zoo' (*sooh*), and 'Zink' (*sinn-k*).

Å

A very easy mistake to make when it comes to Sweden's three extra vowels Å, Ä, and Ö, is to assume that they're variations of the letters A and O. It's vital, in order to get the pronunciation right, to understand that they're three completely distinct and independent letters – not just an A with a circle above it, or an O with dots. Just like how a Q isn't an O with a line in it, but its own letter.

The Å is the first of the three extra vowels found in the Swedish alphabet. The closest you can get to this sound in English is the sound of the O in words like 'For' or 'Snore'. It can also be compared to the first syllable 'Au' in 'Auburn', and 'Autumn' in British English. You can also try saying 'aw' while forming an O with your lips. That is the sound of a long Å – this is also what you should say when reciting the alphabet!

To replicate a short Å-sound, try saying the O-sound in the words 'Song' or 'Lot'!

A couple of words beginning with a long Å are 'År' (*aur*, Year) and 'Åsna' (*AUS-nah*, 'Donkey'). Some words beginning with a short Å are 'Ålder' (*OLL-derr*, Age) and 'Åtta' (*OTT-ah*, Eight).

Fun fact: just like the letter I, the letter Å is also a word on its own. 'Å' as a word refers to a body of flowing water that's (usually) more substantial than a creek, but not quite as large as a river! The letter Å also stands on its own in the phrases 'Å ena sidan' (On one side/On one hand) and 'Å andra sidan' (On the other side/On the other hand), which are phrases used to connect two sentences and/or demonstrate contrasting ideas in the same way that you might use the English word 'However'.

Ä

Here we have the second of the special Swedish vowels! The Ä-sound doesn't have an exact counterpart in English, but there are some similar ones.

The pronunciation of a long Ä is very similar to the 'ea' in 'Bear', or 'Air' without the 'r'. The short Ä-sound is close to that of the A-sound in the word 'Carry', or the E-sounds in 'Bet' and 'Bed' – kind of like saying "eh"! The longer Ä is basically the same sound, just drawing it out. When reciting the alphabet, you should be making the long Ä sound.

Two examples of words beginning with a long Ä are 'Äta' (*EEH-tah*, Eat) and 'Äga' (*EEH-gah*, To own). Two words beginning with a short Ä are 'Äldre' (*ELL-dreh*, Older) and 'Ärr' (*err*, Scar).

Ö

Last but not least – Ö. The long vowel sound of Ö is pronounced similar to the U-sound in 'Burn' or the 'ea' in words like 'Learn' – it's almost like saying "uh", or "er" with rounded lips. This long Ö is used when reciting the alphabet!

The short Ö is more similar to a short English U, for example the U-sound in words like 'Up' and 'Ugly'.

An important clarification to make is that the two dots in Ä and Ö are sometimes replaced by a horizontal line. This is just another way of writing them, and doesn't indicate any other changes whatsoever!

A couple of words beginning with a long Ö are 'Ögon' (*UH-gonn*, Eyes) and 'Öl' (*uh-l*, Beer). Some words beginning with a short Ö are 'Öster' (*UST-err*, East) and 'Öppna' (*UHPP-nah*, Open).

Fun fact: like I and Å, the letter Ö is also a word on its own, meaning 'Island'!

Recap

- Vowels can be hard or soft. The hard vowels are A, O, U, Å, and the soft vowels are E, I, Y, Ä, Ö!

- Vowels can also be long or short! Only stressed syllables can contain a long vowel – and it's usually only long if it's followed by one consonant or no consonant.

- When reciting the vowels in the alphabet, always make the long vowel sounds!

- Did you notice how many letters in the Swedish alphabet are pronounced like a one-syllable English word ending with 'r'? B sounds like 'Beer', C like 'Sear', D like 'Deer' or 'Dear', E like 'Ear', G like 'Gear', P like 'Peer', T like 'Tear', and V like 'Veer'!

HARD VOWELS	LONG SOUND	SHORT SOUND
A	F[a]r	C[a]sa (as in Spanish)
O	[Ooh] la la / Gh[ou]l	[O]liver
U	Y[ou]	"uh"
Å	F[o]r	S[o]ng

SOFT VOWELS	LONG SOUND	SHORT SOUND
E	[Ea]r	D[e]ck
I	P[i]zza	P[i]t
Y	Ü (as in German)	Mar[y]
Ä	B[ea]r	C[a]rry
Ö	B[u]rn	[U]p

Combinations of Letters

As mentioned above, Swedish often combines different letters, creating clusters with particular sounds. We'll now have a quick look at the most common ones!

SK

Remember how the pronunciations of G and K differ depending on whether they're followed by a hard vowel (A, O, U, or Å) or a soft vowel (E, I, Y, Ä, or Ö)? The same rule also applies to SK. You pronounce SK like S followed by a hard K when followed by a hard vowel. When followed by a soft vowel, SK sounds almost like a whistling noise, like "hw". In Swedish, we refer to it as a "sj"-noise. This can be a difficult sound to grasp – we recommend *listening* to the sound with an audio translation tool. Until you get a hang of it, an easier alternative might be to make a "sh"-sound instead, like in 'Shop' – Swedes will understand this, even though it's not entirely correct.

Compare the words 'Ska' (*skah*, Shall) and 'Skola' (*SKOO-lah*, School) with 'Skämt' (*hw-emmt* or *sh-emmt*, Joke) and 'Skepp' (*hw-epp* or *sh-epp*, Ship).

Exceptions to the rule about hard or soft vowels following SK are the words 'Människa', *MENN-i-HWA*, meaning 'Human', and the word for 'Marshal' or 'Groomsman': 'Marskalk', *mahr-HWALL-k*!

SJ, SKJ, STJ, TI AND SI

These should also be pronounced like *"hw"*, but if you can't master that sound just yet, you can usually make yourself understood by substituting it for a *"sh"*-sound.

For example, 'Sju' (*hw-u* or *sh-u*, Seven), 'Skjorta' (*HW-OU-r-tah* or *SH-OU-r-tah*, Shirt), 'Stjärna' (*HW-AIR-nah* or *SH-AIR-nah*, Star). The TI and SI combinations are not pronounced like this as often as the other combinations, but here are a couple of examples of when they are: 'Funktion' (*funk-HWOHN* or *funk-SHOHN*, Function), and 'Illusion' (*ill-uh-HWOHN* or *ill-uh-SHOHN*, Illusion).

RS, SCH, TJ AND KJ

All of these combinations should be pronounced like *"sh"*, for examples in words like 'Kors' (*kosh*, Cross), 'Dusch' (*dush*, Shower), 'Tjugo' (*SHOU-goh*, Twenty) and 'Kjol' (sh-ohl, Skirt).

CH

CH can be a bit tricky. Usually it's pronounced like *"hw"*, but can be substituted for *"sh"*, just like in the examples above. Words like 'Champinjon' (*HW-AMM-pinn-YOON* or *SH-AMM-pinn-YOON*, Mushroom), 'Charmig' (*HW-ARR-migg* or *SH-ARR-migg*, Charming), and 'Chock' (*hw-ock* or *sh-ock*, Shock) all contain this sound.

Now, one very common exception is the word 'Och', which means 'And', is pronounced *"ock"*.

DJ, GJ, HJ, LJ

Let us end on an easy note – all of these letter combinations are pronounced like the Swedish J, which, as you may remember, is similar to the Y-sound in 'Yellow'.

Some examples are 'Djungel' (*YUNG-ell*, Jungle), 'Gjorde' (*Y-OU-R-deh*, Did), 'Hjälp' (*yellp*, Help), and 'Ljus' (*youss*, Light).

Stress and Tone

As you can see, Swedish pronunciation is not necessarily difficult, especially not when comparing it to other more complex languages. The trick is to know which letter to emphasize, if the vowel should be long or short and what the correct tone is – and this is where many language learners struggle.

The "problem" with the Swedish language is that there are few consistent rules, and you simply have to know how to say a certain word. The good news is that once you start learning, this tends to come naturally before you know it.

The next step that could help you get the pronunciation right is to learn a bit about stress and tone. You will find grave accents and acute accents in Swedish, and you tend to emphasize the first vowel in one and two syllable words, and then let the rest of the word fall. One example is the word 'Stava' (Spell), where your voice goes up on the A and then down: *st-AH-vah*. A good comparison in English is the word 'Sneaker'.

It starts getting interesting when the word has three syllables or more, as your voice often goes up on the second syllable, and then down again. A couple of examples are 'Pannkaka' (Pancake): *pahnn-KA-kah*, and 'Gräshoppa' (Cricket): *grehs-HOPP-ah*.

Unfortunately, this is only a tendency, and not an absolute rule, and there are many words where this speaking rhythm does not apply. One example is 'Fönsterbläck' (Windowsill), where the accent is found on the last syllable: *fuhn-stair-BLECK*. It's confusing, we know.

Simply put: emphasis often falls on the very first syllable of a Swedish word, yes, but if the word is of French origin, such as 'Butik' (Store), 'Klinik' (Clinic) and 'Likör' (Liqueur), emphasis instead falls on the last syllable: *bou-TEEK*, *klinn-EEK*, and *lick-UHR*. If the word begins with a prefix, the emphasis falls on the second syllable, and in the case of words like 'Promenera' (Walk, Stroll) that ends with -era, you will emphasize the E in -era: *proh-men-EAR-ah*.

When you're saying longer phrases, the last word is almost always stressed. Swedish has a lot of "almost always", and it can be hard to find strict rules. As a language learner, this can get frustrating in the beginning, but hang in there – because it gets easier. Swedish is one of those languages that when it clicks, it really clicks, and then the puzzle pieces fall into place.

Some Quick Tips!

Like every language, Swedish has its own little quirks. That's what makes it fun, right? Here's a quick little list to help shed some light on some pronunciation peculiarities:

- The translations for 'They' ('De'), 'Them' ('Dem'), 'These' ('De här') and 'Those' ('De där') all share a common trait, which you'll soon notice in the pronunciation instructions of the phrases below. In common speech, they add an M-sound, making the pronunciations *domm*, *domm*, *domm-hair* and *domm-dair*, respectively. This has even resulted in the spelling of both 'De' and 'Dem' as 'Dom', something that has become common practice (note: not in the case of the spelling of 'De här' and 'De där') – this is something to keep an eye out for when you continue your language learning!

- As we all know, 'You' in English can refer to both a singular person and a group of multiple people. Swedish on the other hand has two different forms: 'Du' (*doo*) for the singular and 'Ni' (*nee*) for the plural. In the phrases below, 'You' is most often translated as 'Du', but this of course depends on context. Feel free to adapt your usage of the phrases by substituting one 'You' for the other!

- Most languages tend to simplify their original pronunciation, and Swedish is no exception. When you look at the translated sentences and compare them to the pronunciation guides, you may be confused at times, particularly when it comes to word endings. Common words like 'Det' (*deh*, 'It') and 'Med' (*meh*, 'With') tend to lose their final letter when spoken. The words 'Vara' ('Be'), 'Var' ('Was'), 'Vad' ('What') and the interrogative 'Va?' ('What?' or 'Huh?') may all be reduced to *Vah* in speech... confusing, we know! To make it easier, the pronunciation guide below keeps the originals: *VAH-rah*, *vahr* and *vahd*, which are all still perfectly fine to say. See what other simplifications you can spot!

An Introduction to Swedish Grammar

For those who have studied other languages than English, it can come as a relief to see how simple Swedish grammar and pronunciation is in comparison. We will go over some main grammar points, but won't go too deep into it – as you start learning phrases, you'll start noticing patterns on your own! The sentence structure in Swedish is strikingly similar to that in English, and many sentences can be directly translated, word by word, from English to Swedish as well as the other way around. Thanks to this, learning Swedish is not as hard as you may think!

Verbs

When speaking and communicating in Swedish, the English-speaking learner will be happy to know that Swedish verbs are considerably simpler in construction. The five verb forms in Swedish are infinitive, present, past, supine, and past participle.

Example:

Infinitive: Glömma (to forget): *GLUH-mah*
Present: Glömmer (forgetting): *GLUH-mair*
Past: Glömde (forgot): *GLUHM-deh*
Supine: Glömt (have/has/had forgotten): *GLUH-m-t*
Past Participle: Glömd (forgotten): *GLUH-m-d*

Nouns and Adjectives

There are no gender forms in Swedish, the way we are used to seeing in languages such as French, Spanish and Portuguese; words do not change depending on whether a subject or a word is male or female. There are two existing articles for nouns – 'en' and 'ett' ('a' and 'an' are similar cases in English), and you simply have to learn when it's correct to use one or the other. Again, there is no definite rule.

Both adjectives and nouns are affected by declension in Swedish, and the word itself changes depending on the person it refers to and how many of something there are.

18

Additionally, the nouns do not have a subject and object form. Instead, the two are always the same, and all you need to do in order to form the genitive of a noun is to add an S at the end. Apostrophes are not used in this scenario, the way it is in English, and you simply connect the S directly to the noun. For example, while in English we would say "Sara's TV", in Swedish we would simply say "Saras TV" without the apostrophe.

Swedish nouns can end in five different ways:

-ar
-n
-or
-(e)r
- The 5th option is for them to not have an ending at all, and to remain in their original form.

Nouns can be definite or indefinite, and a good way to compare is to think of the difference between 'the' and 'a' in English. 'The parrot' is definite and 'A parrot' is indefinite. Swedish works the same way, but instead of differentiating the two with a separate word, you simply add an ending to an indefinite word to make it definite. The endings can be '-et', '-en' and '-an'. A parrot is called a 'Papegoja' (*pah-peh-GOY-ah*) in Swedish, and the definite form of the word is 'Papegojan', adding the -n. If the indefinite noun has 'en' in front, then the definite form will end on 'n', if the indefinite noun has 'ett' in front, then the definite form will end on 't', i.e 'en bok vs. boken' or 'ett ägg vs. ägget'. Sounds complicated? Don't worry! It isn't as bad as it seems once you get used to it.

Words of Wisdom

If you'd like to, feel free to dig deeper into Swedish grammar – it's not as complicated as it may seem! We have chosen to focus on phrases and expressions in this book, in order to teach you grammar through practical experience. It's a lot easier to learn grammar when you have something to relate it to, and that is why you don't need to be a grammar expert (yet) to find this book useful. Instead, this book is meant to provide you with the necessary tools and confidence to start speaking and to start using your Swedish, and the rest will eventually fall into place on its own.

19

Trust yourself, record audios to hear yourself speak, practice, and find a Swede to strike up a conversation with! Swedes are generally very friendly individuals, and they will most likely love the opportunity to help you improve your Swedish! So, with that said - what are you waiting for? There is a whole language waiting for you!

COLORS

Yellow
Gul
Gool

Green
Grön
Grurn

Blue
Blå
Blaw

Red
Röd
Rurd

Light blue
Ljusblå
YUSS-blaw

Violet
Violett
Vee-o-LET

Pink
Rosa
RAW-sah

Brown
Brun
Brewn

Purple
Lila
LEE-lah

White
Vit
Veet

Black
Svart
Svahrt

Gray
Grå
Graw

Gold
Guld
Gulld

Orange
Orange
oh-RAHN-sh

Silver
Silver
SIL-vuhr

What color is that sign?
Vilken färg har den där skylten?
VILL-kenn FERR-iy hahr denn DAIR HWYLL-ten?

Is the cartoon in color?
Är den tecknade serien i färg?
Air denn TECK-nah-deh SEHR-i-yen ee FERR-iy?

Is this television show in color?
Är det här tv-programmet i färg?
Air de-HAIR TEH-VEH-proh-GRAMM-ett ee FERR-iy?

This is a red pen.
Det här är en röd penna.
De-HAIR AIR enn RURD PENN-ah.

This piece of paper is blue.
Det här pappret är blått.
De-HAIR PAPP-rett air BLOTT.

What color is that car?
Vilken färg har den där bilen?
VILL-kenn FERR-iy hahr denn DAIR BEEL-enn?

What color are your clothes?
Vilken färg har dina kläder?
VILL-kenn FERR-iy hahr dee-nah KLEH-derr?

Is this the right color?
Är det här rätt färg?
Air de-HAIR rett FERR-iy?

What color is the stop light?
Vilken färg har stoppljuset?
VILL-kenn FERR-iy hahr stopp-YOUSS-ett?

Does that color mean danger?
Betyder den där färgen fara?
Beh-TY-derr denn DAIR FERR-yen FAH-ra?

That bird is red.
Den där fågeln är röd.
Denn DAIR FAW-gell-n air rurd.

What color is that animal?
Vilken färg har det där djuret?
VILL-kenn FERR-iy hahr deh-DAIR YOU-rett?

The sky is blue.
Himlen är blå.
HIMM-lenn air blaw.

The clouds are white.
Molnen är vita.
MAWL-nenn air VEET-ah.

That paint is blue.
Den där färgen är blå.
Denn DAIR FERR-yen air blaw.

Press the red button.
Tryck på den röda knappen.
Tryck p-aw denn RURD-ah KNAPP-enn.

Don't press the red button.
Tryck inte på den röda knappen.
Tryck INN-teh p-aw denn RURD-ah KNAPP-enn.

Black and White.
Svart och vitt.
Svahrt-oh-veet.

Look at all the colors.
Titta på alla färgerna.
TITT-ah p-aw ALL-ah FERR-yer-nah.

Is that a color television?
Är det där en färg-tv?
Air deh-DAIR enn FERR-iy-TEH-veh?

What color do you see?
Vilken färg ser du?
VILL-kenn FERR-iy sehr doo?

Can I have the color blue?
Kan jag få den blå färgen?
Kann yahg FAW denn BLAW FERR-yen?

What colors do you have for these frames?
Vilka färger har du av de här bågarna?
VILL-kah FERR-yer hahr doo ahv domm-HAIR BAW-garr-nah?

Don't go until the color is green.
Gå inte förrän färgen är grön.
Gaw INN-teh FURR-enn FERR-yen air grurn.

Coloring pens
Färgpennor.
FERR-iy-PENN-or.

The pencil sharpener is black.
Pennvässaren är svart.
Penn-VESS-ah-renn air svahrt.

Do you have this in another color?
Har du den här i en annan färg?
Hahr doo denn HAIR ee enn AHNN-ahnn FERR-iy?

Do you have this in a darker color?
Har du den här i en mörkare färg?
Hahr doo denn HAIR ee enn MURR-kah-reh FERR-iy?

Do you have this in a lighter color?
Har du den här i en ljusare färg?
Hahr doo denn HAIR ee enn YOUSS-ah-reh FERR-iy?

Can you paint my house blue?
Kan du måla mitt hus blått?
Kann doo MAWL-ah mitt hooss blott?

Can you paint my car the same color?
Kan du måla min bil i samma färg?
Kann doo MAWL-ah minn beel i SAHMM-ah FERR-iy?

The flag has three different colors.
Flaggan har tre olika färger.
FLAHGG-ahn hahr treh OH-LEEK-ah FERR-yer.

Is the color on the flag red?
Är färgen på flaggan röd?
Air FERR-yen p-aw FLAHGG-ahn rurd?

NUMBERS

Zero	Nine	Eighteen
Noll	Nio	Arton
Noll	*NEE-o*	*AHR-tonn*

One	Ten	Nineteen
En/Ett	Tio	Nitton
Ehn/Ett	*TEE-o*	*NITT-onn*

Two	Eleven	Twenty
Två	Elva	Tjugo
Tvoh	*ELL-vah*	*SHOU-goh*

Three	Twelve	Twenty-one
Tre	Tolv	Tjugoett
Treh	*Toll-v*	*SHOU-goh-ETT*

Four	Thirteen	Twenty-two
Fyra	Tretton	Tjugotvå
FUER-ah	*TRETT-onn*	*SHOU-goh-TVOH*

Five	Fourteen	Twenty-three
Fem	Fjorton	Tjugotre
Femm	*F-YOOH-R-tonn*	*SHOU-goh-TREH*

Six	Fifteen	Twenty-four
Sex	Femton	Tjugofyra
Sex	*FEMM-tonn*	*SHOU-goh-FUER-ah*

Seven	Sixteen	Twenty-five
Sju	Sexton	Tjugofem
Hw-u	*SEX-tonn*	*SHOU-goh-FEM*

Eight	Seventeen	Twenty-six
Åtta	Sjutton	Tjugosex
OTT-ah	*HWUTT-onn*	*SHOU-goh-SEX*

Twenty-seven	Sixty	Five hundred
Tjugosju	Sextio	Femhundra
SHOU-goh-HWU	*SEX-ti-o*	*FEM-HUND-rah*

Twenty-eight	Seventy	One thousand
Tjugoåtta	Sjuttio	Ettusen
SHOU-goh-OTT-ah	*HWUTT-i-o*	*ETT-TUH-senn*

Twenty-nine	Eighty	One hundred
Tjugonio	Åttio	thousand
SHOU-goh-NEE-o	*OTT-i-o*	Etthundratusen

Thirty	Ninety	*ETT-hund-rah-TUH-*
Trettio	Nittio	*senn*
TRETT-i-o	*NITT-i-o*	One million

Forty	One hundred	En miljon
Fyrtio	Etthundra	*Enn mill-yoohn*
FURT-i-o	*ETT-HUND-rah*	One billion

Fifty	Two hundred	En miljard
Femtio	Tvåhundra	*Enn mill-yard*
FEM-ti-o	*TVOH-HUND-rah*	

What does that add up to?
Hur mycket är summan?
Huur MUECK-ett air SUMM-ann?

What number is on this paper?
Vilket nummer står på det här pappret?
VILL-kett NOUMM-err stawr p-aw de-hair PAPP-rett?

What number is on this sign?
Vilket nummer står på den här skylten?
VILL-kett NOUMM-err stawr p-aw denn HAIR HWYLL-ten?

Are these two numbers equal?
Är dessa två siffror likvärdiga?
Air DESS-ah tvoh SIFF-rohr LEEK-VEHR-digg-ah?

My personal identity number is one, two, three, four, five…
Mitt personnummer är ett, två, tre, fyra, fem…
Mitt peh-shohn-NOUMM-err air ett, tvoh, treh, FUER-ah, fem.

I'm going to bet five hundred euros.
Jag ska satsa femhundra euro.
Yahg skah SAHTT-sah FEM-HUND-rah YOU-roh.

Can you count to one hundred for me?
Kan du räkna till etthundra för mig?
Kann doo REHK-nah till ETT-HUND-rah furr mey?

I took fourteen steps.
Jag tog fjorton steg.
Yahg tohg F-YOOH-R-ton st-eh-g.

I ran two kilometers.
Jag sprang två kilometer.
Yahg sprahng tvoh SHILL-oh-MEH-terr.

The speed limit is 30 kilometres per hour.
Hastighetsbegränsningen är 30 kilometer i timmen.
HASS-tigg-hehtbes-GREHNN-sningen air TRETT-i-o SHILL-oh-MEH-terr ee timm-enn.

What are the measurements?
Vad är måtten?
Vahd air mott-enn?

Can you dial this number?
Kan du ringa det här numret?
Kann doo RING-ah de-HAIR NUMM-rett?

One dozen.
Ett dussin.
Ett DUSS-in.

A half-dozen.
Ett halvt dussin.
Ett hahlvt DUSS-in.

How many digits are in the number?
Hur många siffror är det i numret?
Huur MONG-ah SIFF-rohr air deh ee NUMM-rett?

My phone number is nine, eight, five, six, two, one, eight, seven, eight, eight.
Mitt telefonnummer är nio, åtta, fem, sex, två, ett, åtta, sju, åtta, åtta.

Mitt tell-eh-FAUN-NOUMM-err air NEE-o, OTT-ah, fem, sex, tvoh, ett, OTT-ah, hw-u, OTT-ah, OTT-ah.

The hotel's phone number is one, eight hundred, three, two, three, five, seven, five, five.
Hotellets telefonnummer är ett, åttahundra, tre, två, tre, fem, sju, fem, fem.
Hoh-TELL-etts tell-eh-FAUN-NOUMM-err air ett, OTT-ah-HUND-rah, treh, tvoh, treh, fem, hw-u, fem, fem.

The taxi number is six, eight, one, four, four, four, five, eight, one, nine.
Taxinumret är sex, åtta, ett, fyra, fyra, fyra, fem, åtta, ett, nio.
TACKS-i-NUMM-rett air sex, OTT-ah, ett, FUER-ah, FUER-ah, FUER-ah, fem, OTT-ah, ett, NEE-o.

Call my hotel at two, one, four, seven, one, two, nine, five, seven, six.
Ring mitt hotell på två, ett, fyra, sju, ett, två, nio, fem, sju, sex.
Ring mitt hoh-TELL p-aw tvoh, ett, FUER-ah, hw-u, ett, tvoh, NEE-o, fem, hw-u, sex.

Call the embassy at nine, eight, nine, eight, four, three, two, one, seven, one.
Ring ambassaden på nio, åtta, nio, åtta, fyra, tre, två, ett, sju, ett.
Ring ahmm-bahss-AH-denn p-aw NEE-o, OTT-ah, NEE-o, OTT-ah, FUER-ah, treh, tvoh, ett, hw-u, ett.

GREETINGS

Hi!
Hej!
Hey!

How's it going?
Hur är läget?
Huur air LEH-gett?

What's new?
Har det hänt något nytt?
Hahr deh HENNT N-AW-gott nuett?

What's going on?
Vad händer?
Vahd HENN-derr?

Home, sweet home.
Hem, ljuva hem.
Hemm, YOU-vah hemm.

Ladies and gentlemen, thank you for coming.
Mina damer och herrar, tack för att ni kom.
MEE-nah DAH-mer ock HERR-arr, TAHCK furr att nee komm.

How is everything?
Hur är det?
Huur AIR deh?

Long time, no see.
Det var länge sedan sist.
Deh vahr LENG-eh senn sisst.

It's been a long time.
Det var länge sedan.
Deh vahr LENG-eh senn.

It's been a while!
Det var ett tag sedan!
Deh VAHR ett TAHG senn!

How is life?
Hur är livet?
Huur air LEEV-ett?

How is your day?
Hur är din idag?
Huur air dinn dahg?

Good morning.
Godmorgon.
Goh-MORR-onn.

It's been too long!
Det är alldeles för länge sedan sist!
Deh air AHLL-deh-less furr LENG-eh senn sisst!

Good afternoon.
God eftermiddag.
Goh EFF-terr-MIDD-ahg.

How long has it been?
Hur länge sedan är det?
Huur LENG-eh senn AIR deh?

Nice to meet you.
Trevligt att träffas.
TREH-vlitt att TREFF-ahss.

It's always nice to see you.
Det är alltid trevligt att träffa dig.
Deh air AHLL-tih TREH-vlitt att TREFF-ah dey.

Allow me to introduce Earl, my husband.
Låt mig presentera Earl, min man.
L-awt mey PRESS-en-TEAR-ah Urrl, minn mann.

Goodnight.
Godnatt.
Goh-NATT.

May I introduce my brother and sister?
Får jag presentera min bror och min syster?
Fawr yahg PRESS-en-TEAR-ah minn brorh ock minn SUESS-terr?

Good evening.
God kväll.
Goh kvehll.

Happy holidays!
God helg!
Gohd helliy!

Merry Christmas!
God jul!
Gohd you-l!

Where have you been hiding?
Var har du gömt dig?
Vahr hahr doo YUMMT dey?

Happy New Year!
Gott nytt år!
Gott nuett aur!

How is your night?
Hur är din kväll?
Huur air dinn KVEHLL?

What have you been up to all these years?
Vad har du haft för dig alla de här åren?
Vahd hahr doo hafft FURR dey ALL-ah domm-hair AUR-enn?

When was the last time we saw each other?
När sågs vi senast?
Nair s-aw-gs vee SEHN-ast?

It's been ages since I've seen you.
Jag har inte sett dig på evigheter.
Yahg hahr INN-teh sett dey p-aw EH-vigg-HEH-terr.

How have things been going since I saw you last?
Hur har det gått sedan jag såg dig sist?
Huur hahr deh GOTT senn yahg S-AW-G dey sisst?

31

What have you been up to?
Vad har du haft för dig?
Vahd hahr doo hafft FURR dey?

How are you doing?
Hur är det med dig?
Huur air deh MEH dey?

Goodbye!
Hejdå!
Hey-daw!

Are you okay?
Är du okej?
Air doo ock-EY?

I'm sorry.
Förlåt.
Furr-LAUT.

Excuse me.
Ursäkta mig.
Oo-SHECK-tah mey.

See you later!
Vi ses senare!
Vee SEHS SEH-na-REH!

What's your name?
Vad heter du?
Vahd HEH-terr doo?

My name is Bill.
Jag heter Bill.
Yahg HEH-terr Bill.

How are you?
Hur mår du?
Huur MAUR doo?

How are things?
Hur står det till?
Huur st-oohr de till?

You're welcome.
Varsågod.
VASH-aw-goud.

It's good to see you.
Kul att se dig.
Koul att SEH dey.

How have you been?
Hur har du haft det?
Huur hahr doo HAFFT deh?

Fine, thanks. And you?
Bra, tack. Och du?
BRA, tack. Ock doo?

Good day!
Goddag!
Goh-DAHG!

Come in, the door is open.
Kom in, dörren är öppen.
Komm inn, DURR-enn air UH-penn.

My wife's name is Sheila.
Min fru heter Sheila.
Minn froo HEH-terr SHEE-lah.

I've been looking for you!
Jag har letat efter dig!
Yahg hahr LEH-tatt EFF-terr dey!

Allow me to introduce myself. My name is Earl.
Låt mig presentera mig själv. Mitt namn är Earl.
L-awt mey PRESS-en-TEAR-ah mey hwellv. MITT nah-mn air Urrl.

I hope you have enjoyed your weekend!
Jag hoppas att du har haft en trevlig helg!
Yahg HOPP-ahss att doo hahr hafft enn TREH-vligg helliy!

It's great to hear from you.
Vad kul att du hörde av dig.
Vahd KOUL att doo HUHR-deh AHV dey.

I hope you are having a great day.
Jag hoppas att du har en trevlig dag.
Yahg HOPP-ahss att doo hahr enn treh-vlig dahg.

Thank you for your help.
Tack för hjälpen.
Tack furr YELL-penn.

DATE AND TIME

January
Januari
YANN-uh-A-ree

May
Maj
Maiy

September
September
Sepp-TEMM-berr

February
Februari
FEBB-rue-A-ree

June
Juni
YOU-nee

October
Oktober
Ock-TOH-berr

March
Mars
Mah-sh

July
Juli
YOU-lee

November
November
No-VEMM-berr

April
April
Ah-PRILL

August
Augusti
Ow-GUHSS-tee

December
December
Dess-EMM-berr

What month is it?
Vilken månad är det?
VILL-kenn MAW-nadd air deh?

At what time?
Vilken tid?
VILL-kenn TEED?

Do you have Daylight saving time?
Har ni sommartid?
Hahr NEE SOMM-ahr-TEED?

It is January right now.
Det är januari just nu.
Deh air YANN-uh-A-ree yusst nou.

What day of the week is it?
Vilken veckodag är det?
VILL-kenn VECK-o-DAHG air deh?

Is today Tuesday?
Är det tisdag idag?
Air deh TEES-dahg ih-DAHG?

Today is Monday.
Det är måndag idag.
Det air MONN-dahg ih-DAHG.

Is this the month of January?
Är det här januari månad?
Air de-hair YANN-uh-A-ree MAW-nadd?

It is five minutes past one.
Hon är fem minuter över ett.
Hohn air FEMM minn-UE-terr UH-verr ETT.

It is ten minutes past one.
Hon är tio minuter över ett.
Hohn air TEE-o minn-UE-terr UH-verr ETT.

It is ten till one.
Hon är tio i ett.
Hohn air TEE-o ee ETT.

It is half past one.
Hon är halv två.
Hohn air hahlv tvoh.

What time is it?
Vad är klockan?
VAHD air KLOCK-ann?

When does the sun go down?
När går solen ner?
Nair g-awr SOU-lenn nehr?

It's the third of November.
Det är den tredje november.
Deh air denn TREHD-yeh no-VEMM-berr.

When does it get dark?
När blir det mörkt?
NAIR bleer deh MURR-kt?

What is today's date?
Vad är dagens datum?
Vahd air DAHG-enns DAH-tuhm?

What time does the shoe store open?
Vilken tid öppnar skoaffären?
VEE-lken teed UHPP-nahr SKOH-aff-AIR-enn?

Is today a holiday?
Är det en helgdag idag?
AIR deh enn HELLIY-dahg ih-DAHG?

When is the next holiday?
När är nästa helgdag?
Nair air NESS-tah HELLIY-dahg?

I will meet you at noon.
Vi ses klockan tolv.
Vee SEHS KLOCK-ann TOLL-V.

I will see you later tonight.
Vi ses senare ikväll.
Vee SEHS SEH-na-REH ih-KVELL.

My appointment is in ten minutes.
Mitt möte är om tio minuter.
Mitt MUH-teh air ohm TEE-o minn-UE-terr.

Can we meet in half an hour?
Kan vi ses om en halvtimme?
Kann vee SEHS ohm enn HAHLV-TIMM-eh?

I will see you in March.
Vi ses i mars.
Vee SEHS ee MAH-sh.

The meeting is scheduled for the twelfth.
Mötet är schemalagt till den tolfte.
MUH-tehtt air HWEH-mah-LAGT till denn TOLLF-teh.

Can we set up the meeting for noon tomorrow?
Kan vi ha mötet klockan tolv imorgon?
Kann vee HAH MUH-tehtt KLOCK-ann TOLLV ih-MORR-onn?

What time will the cab arrive?
Vilken tid kommer taxin?
VEE-lken teed KOMM-err TACKS-inn?

Can you be here by midnight?
Kan du komma hit till midnatt?
Kann doo KOMM-ah HEET till MEED-nahtt?

The grand opening is scheduled for three o'clock.
Den stora invigningen är schemalagd till klockan tre.
Denn STOU-rah INN-VEEG-ning-enn air HWEH-mah-LAGD till KLOCK-ann treh.

When is your birthday?
När är din födelsedag?
Nair air dinn FUH-dell-seh-DAHG?

My birthday is on the second of June.
Min födelsedag är den andra juni.
Minn FUH-dell-seh-DAHG air denn ANN-drah YOU-nee.

This place opens at ten a.m.
Det här stället öppnar klockan tio på morgonen.
De-HAIR STELL-ett UHPP-nahr KLOCK-ann TEE-o p-aw MORR-onn-enn.

From what time?
Från vilken tid?
Frawn VILL-kenn TEED?

Sorry, it is already too late at night.
Tyvärr, det är redan för sent på kvällen.
Tue-VEHRR, deh air REH-dann furr SEHNT p-aw KVELL-enn.

COMMON QUESTIONS

Do you speak English?
Talar du engelska?
TAH-larr doo ENG-ell-skah?

What is your hobby?
Vad har du för hobby?
Vahd HAHR doo furr HOBB-y?

What language do you speak?
Vilket språk talar du?
VILL-kett SPRAWK TAH-larr doo?

Was it difficult?
Var det svårt?
Vahr deh SVAURT?

Can you help me?
Kan du hjälpa mig?
Kann doo YELL-pah mey?

Where can I find help?
Var kan jag få hjälp?
VAHR kann yahg faw YELLP?

Where are we right now?
Var är vi just nu?
Vahr AIR vee yusst nou?

Where were you last night?
Var var du igår kväll?
Vahr VAHR doo ih-GAWR KVELL?

What type of a tree is that?
Vilken sorts träd är det där?
VILL-kenn sortsh TREHD air deh-DAIR?

Do you plan on coming back here again?
Planerar du att komma tillbaka hit igen?
Plann-E-rarr doo att KOMM-ah till-BAH-kah heet ih-YEN?

What kind of animal is that?
Vilket sorts djur är det där?
VILL-kett sortsh YOU-R air deh-DAIR?

Is that animal dangerous?
Är det där djuret farligt?
Air deh-DAIR YOU-rett FAR-litt?

Is it available?
Är det tillgängligt?
Air deh till-YENG-litt?

Can we come see it?
Kan vi komma och se det?
Kann vee KOMM-ah ock SEH deh?

Where do you live?
Var bor du?
Vahr BOHR doo?

Earl, what city are you from?
Earl, vilken stad är du från?
Urrl, VILL-kenn STAHD err doo FRAWN?

Is it a very large city?
Är det en väldigt stor stad?
Air deh enn VELL-ditt STOUR stahd?

Is there another available bathroom?
Finns det något annat badrum tillgängligt?
FINNS deh N-AW-gott AHNN-att BAHD-rumm till-YENG-litt?

How was your trip?
Hur var din resa?
Huur vahr dinn REH-sah?

Is the bathroom vacant?
Är badrummet ledigt?
Air bahd-RUMM-ett LEH-ditt?

How does it feel?
Hur känns det?
Huur SHENNS deh?

Do you have any recommendations?
Har du några rekommendationer?
HAHR doo N-AW-grah REH-komm-ENN-dah-HWOHN-err?

When did you first come to Sweden?
När kom du till Sverige första gången?
NAIR KOMM doo till sv-EHR-yeh FUHSH-tah GONG-enn?

Were you born here?
Föddes du här?
FUHDD-ess doo HAIR?

Come join me for the rest of the vacation.
Följ med mig resten av semestern.
Fuhll-iy MEH mey RESS-tenn ahv semm-ESS-terrn.

What times do the shops open in this area?
Hur dags öppnar affärerna i det här området?
Huur DAHCKS UHPP-nahr aff-AIR-err-nah ee de-HAIR omm-RAWD-ett?

Is there tax-free shopping available?
Finns det taxfree-shopping tillgängligt?
Finns deh TAHKS-free-HWOPP-ing till-YENG-litt?

Where can I exchange currency?
Var kan jag växla pengar?
VAHR kann yahg VECKS-lah PENG-arr?

Is it legal to drink in this area?
Är det lagligt att dricka i det här området?
Air deh LAHG-litt att DRICK-ah ee de-HAIR omm-RAWD-ett?

Can I smoke in this area?
Kan jag röka i det här området?
Kann yahg RUH-kah ee de-HAIR omm-RAWD-ett?

What about this?
Vad sägs om det här?
Vahd SEY-SS omm de-HAIR?

Can I park here?
Kan jag parkera här?
Kann yahg parr-KE-rah hair?

Have you gotten used to living in Spain by now?
Har du vant dig vid att bo i Spanien ännu?
Hahr doo VAHNT dey veed att BOH ee SPANN-ee-yenn ENN-nou?

How much does it cost to park here?
Hur mycket kostar det att parkera här?
Huur MUECK-ett KOSS-tarr deh att parr-KE-rah hair?

How long can I park here?
Hur länge kan jag parkera här?
Huur LENG-eh kann yahg parr-KE-rah hair?

Where can I get directions?
Var kan jag få vägbeskrivningar?
VAHR kann yahg faw VEHG-beh-SKREEV-ning-arr?

Can you point me in the direction of the bridge?
Kan du peka ut vägen till bron åt mig?
Kann DOO PEH-kah oot VEHG-enn till BROHN awt mey?

What can I do here for fun?
Vad finns det för roligt att göra här?
Vahd FINNS deh furr ROU-litt att YUH-rah hair?

Is this a family-friendly place?
Är det här ett familjevänligt ställe?
Air de-HAIR ett fah-MILL-yeh-VEHN-litt STELL-eh?

Are kids allowed here?
Är barn tillåtna här?
Air BARN till-AUT-nah hair?

Where can I find the park?
Var hittar jag parken?
VAHR HITT-arr yahg PARR-kenn?

How do I get back to my hotel?
Hur tar jag mig tillbaka till mitt hotell?
HUUR tahr yahg mey till-BAH-kah till meht hoh-TELL-ett?

Where can I get some medicine?
Var kan jag få tag på medicin?
VAHR kann yahg faw TAHG p-aw MEDD-ih-SEEN?

Is my passport safe here?
Är mitt pass säkert här?
Air mitt PAHSS SEHK-errt hair?

Do you have a safe for my passport and belongings?
Har du ett kassaskåp för mitt pass och mina tillhörigheter?
HAHR doo ett KASS-ah-SKAWP furr mitt PAHSS ock mee-nah TILL-HUHR-igg-HEH-terr?

Is it safe to be here past midnight?
Är det tryggt att vara här efter midnatt?
Air deh TRUEGGT att VAH-rah hair EFF-terr MEED-nahtt?

When is the best time to visit this shop?
När är den bästa tiden att besöka den här butiken?
Nair air denn BESS-tah TEED-enn att beh-SUH-kah denn hair bou-TEEK-enn?

What is the best hotel in the area?
Vilket är det bästa hotellet i området?
VILL-kett air deh BESS-tah hoh-TELL-ett ee omm-RAWD-ett?

What attractions are close to my hotel?
Vilka sevärdigheter ligger nära mitt hotell?
VILL-kah SEH-VEHR-digg-HEH-terr LIGG-err NAIR-ah mitt hoh-TELL?

Do you have any advice for tourists?
Har du något råd till turister?
Hahr doo N-AW-gott R-AWD till tou-RISS-terr?

Do you have a list of the top things to do in the area?
Har du en lista över de bästa sakerna att göra i området?
Hahr DOO enn LISS-tah UH-verr domm BESS-tah SAHK-err-nah att YUH-rah ee omm-RAWD-ett?

What do I need to pack to go there?
Vad behöver jag packa för att åka dit?
VAHD beh-UH-verr yahg PACK-ah furr att AU-kah DEET?

Can you recommend me some good food to eat?
Kan du rekommendera någon god mat att äta?
Kann doo REH-komm-enn-DEH-rah N-AW-gonn gohd MAHT att ehtah?

What should I do with my time here?
Vad borde jag göra med min tid här?
Vahd BOUR-deh yahg YUH-rah meh minn TEED hair?

What is the cheapest way to get from my hotel to the shop?
Vilket är det billigaste sättet att ta sig från mitt hotell till affären?
VILL-kett air deh BILL-igg-AHSS-teh SETT-ett att TAH sey FRAWN mitt hoh-TELL till aff-AIR-enn?

What do you think of my itinerary?
Vad tycker du om min resplan?
Vahd TUECK-err doo omm minn REHS-plahn?

Does my phone work in this country?
Fungerar min telefon i det här landet?
Fuhnn-GEH-rahr minn tell-eh-FAUN ee de-HAIR LANN-dett?

What is the best route to get to my hotel?
Vilken är den bästa vägen till mitt hotell?
VILL-kenn air denn BESS-tah VEHG-enn till MITT hoh-TELL?

Will the weather be okay for outside activities?
Kommer vädret att vara okej för utomhusaktiviteter?
KOMM-err VEH-drett att vah-rah ock-EY furr OOT-omm-HUSS-ACK-tivv-ih-TEHT-err?

Was that rude?
Var det oförskämt?
Vahr DEH OH-fuhr-HWEMMT?

What places should I stay away from?
Vilka platser ska jag hålla mig borta ifrån?
VILL-kah PLAHTT-serr skah yahg HOLL-ah mey BOHRT-ah ih-FRAWN?

What is the best dive site in the area?
Vilken är den bästa dykplatsen i området?
VILL-kenn air denn BESS-tah duek-PLATT-senn ee omm-RAWD-ett?

What is the best beach in the area?
Vilken är den bästa stranden i området?
VILL-kenn air denn BESS-tah STRANN-denn ee omm-RAWD-ett?

Do I need reservations?
Behöver jag boka?
Beh-UH-verr yahg BOH-kah?

I need directions to the best local food.
Jag behöver en vägbeskrivning till den bästa lokala maten.
Yahg beh-UH-verr enn VEHG-beh-SKREEV-ning till denn BESS-tah lou-KAHL-ah MAHT-enn.

What's your name?
Vad heter du?
Vahd HEH-terr doo?

Where is the nearest place to eat?
Var ligger det närmaste matstället?
VAHR LIGG-err deh NEHRR-mass-teh maht-STELL-ett?

Where is the nearest hotel?
Var ligger det närmaste hotellet?
VAHR LIGG-err deh NEHRR-mass-teh hoh-TELL-ett?

Where are there means of transport?
Var finns det transportmedel?
VAHR finns deh trann-SPORRT-MEH-dell?

How much does this cost?
Hur mycket kostar det här?
Huur MUECK-ett KOSS-tarr de-HAIR?

Do you pay tax here?
Betalar du skatt här?
Beh-TAH-lahrr doo SKAHTT hair?

What types of payment are accepted?
Vilka betalsätt är accepterade?
VILL-kah beh-TAHL-sett air ACK-septer-ahde?

Can you help me read this?
Kan du hjälpa mig att läsa det här?
Kann DOO YELL-pah mey att LEH-sah de-HAIR?

What languages do you speak?
Vilka språk talar du?
VILL-kah SPRAWK TAH-larr doo?

Is it difficult to speak English?
Är det svårt att tala engelska?
Air deh SVAURT att TAH-lah ENG-ell-skah?

What does that mean?
Vad betyder det?
Vahd beh-TY-derr DEH?

Do you have a lighter?
Har du en tändare?
Hahr DOO enn TEHNN-dah-reh?

Do you have a match?
Har du en tändsticka?
Hahr DOO enn tehnnd-STICK-ah?

Is this a souvenir from your country?
Är det här en souvenir från ditt land?
Air de-HAIR enn soh-venn-EER frawn ditt LANND?

What is this?
Vad är det här?
VAHD air de-HAIR?

May I ask you a question?
Får jag fråga dig en sak?
Fawr YAHG FRAW-gah dey enn sahk?

Where is the safest place to store my travel information?
Var är det säkraste stället att förvara mina resehandlingar?
VAHR air deh SEH-krass-teh STELL-ett att furr-VAH-rah MEE-nah RE-se-HAHNND-ling-arr?

Will you come along with me?
Följer du med mig?
FUHLL-yerr doo MEH mey?

Is this your first time here?
Är det här första gången du är här?
Air de-HAIR FUHSH-tah GONG-enn doo air HAIR?

What is your opinion on the matter?
Vad tycker du om det?
Vahd TUECK-err doo omm DEH?

Will this spoil if I leave it out too long?
Kommer det här bli förstört om jag har det framme för länge?
KOMM-err de-HAIR blee fehr-STEHRT omm yahg harr deh FRAMM-eh furr LENG-eh?

What side of the sidewalk do I walk on?
Vilken sida av trottoaren ska jag gå på?
VILL-kenn SEE-dah ahv trohtt-o-AHR-enn skah yahg GAW p-aw?

What do those lights mean?
Vad betyder de där ljusen?
Vahd beh-TY-derr domm-DAIR YOUSS-enn?

Am I allowed to walk up these stairs?
Får jag gå upp för de här trapporna?
Fawr YAHG gaw OUPP furr domm-HAIR TRAHPP-ohr-nah?

Is that illegal here?
Är det där olagligt här?
Air deh-DAIR OH-LAHG-litt hair?

How much trouble would I get in if I did that?
Hur mycket problem skulle jag få om jag gjorde det där?
Huur MUECK-ett pro-BLEM SKOULL-eh yahg fawOMM yahg Y-OU-R-deh deh-DAIR?

Can't we all go together?
Kan vi inte gå allihopa?
Kann vee INN-teh gaw AHLL-ih-HOH-pah?

May I throw away waste here?
Får jag kasta skräp här?
Fawr yahg KASS-tah SKREHP HAIR?

Where is the recycling?
Var är återvinningen?
VAHR air AWT-err-VINN-ing-enn?

WHEN SOMEONE IS BEING RUDE

Close your mouth while chewing, please.
Kan du stänga munnen medan du tuggar, tack.
Kann soo STEHNG-ah MOUNN-enn MEH-dann doo TOUGG-arr, tack.

Don't ask again, please.
Fråga inte igen, tack.
FRAW-gah INN-teh ih-YEN, tack.

I'm not paying for that.
Jag tänker inte betala för det där.
Yahg TENG-kerr INN-teh beh-TAH-lah furr deh-DAIR.

Leave me alone or I am calling the police.
Lämna mig ifred, annars ringer jag polisen.
LEMM-nah mey ih-FREHD, AHNN-ash RING-err yahg poh-LEES-enn.

Hurry up!
Skynda dig!
HWYNN-dah dey!

Stop bothering me!
Sluta störa mig!
SLOO-tah STUH-rah mey!

Don't bother me, please!
Stör mig inte, tack!
STUHR mey INN-teh, tack!

Are you content?
Är du nöjd?
Air doo NUH-IYD?

I'm walking away, don't follow me, please.
Jag går härifrån nu, följ inte efter mig, tack.
Yahg gawr HAIR-ih-FRAWN nou, fuhll-iy INN-teh EFF-terr mey, tack.

You stole my shoes and I want them back.
Du stal mina skor och jag vill ha tillbaka dem.
Doo STAHL MEE-nah SKOOR ock YAHG vill hah till-BAH-kah domm.

You have the wrong person.
Du har fel person.
Doo hahr FEHL peh-SHOHN.

I think you are wrong.
Jag tycker att du har fel.
YAHG TUECK-err att DOO hahr FEHL.

Stop waking me up!
Sluta väcka mig!
SLOO-tah VECK-ah mey!

You talk too much.
Du pratar för mycket.
Doo PRAH-tarr furr MUECK-ett.

It hurts!
Det gör ont!
Deh yuhr OHNT!

You need to apologize.
Du behöver be om ursäkt.
Doo beh-UH-verr BEH omm OU-sheckt.

Stay away from my children!
Håll dig borta från mina barn!
HOLL dey BOHRT-ah FRAWN MEE-nah barn!

Don't touch me.
Rör mig inte.
RUHR mey INN-teh.

I would appreciate it if you didn't take my seat.
Jag skulle uppskatta om du inte tog min sittplats.
Yahg SKOULL-eh oupp-SKAHTT-ah omm doo INN-teh tohg minn sitt-PLAHTTS.

You didn't tell me that.
Du berättade inte det för mig.
Doo beh-RETT-ah-deh INN-teh deh furr MEY.

You are overcharging me.
Du försöker ta för mycket betalt av mig.
Doo fush-UH-kerr tah furr MUECK-ett beh-TAHLT ahv mey.

Can you be quiet, I am trying to listen.
Kan du vara tyst, jag försöker lyssna.
Kann DOO VAH-rah TUESST, yahg fush-UH-kerr LUESS-nah.

Don't interrupt me while I am talking.
Avbryt mig inte när jag pratar.
Ahv-BRUET mey INN-teh nair yahg PRAH-tarr.

Don't sit on my car and stay away from it.
Sitt inte på min bil, och håll dig borta från den.
SITT INN-teh p-aw minn BEEL, ock HOLL dey BOHRT-ah FRAWN denn.

Get out of my car.
Ut ur min bil.
OOT oor minn beel.

Get away from me and leave me alone!
Försvinn och lämna mig ifred!
Fuh-SHVINN ock LEMM-nah mey ih-FREHD!

You're being rude.
Du är oförskämd.
Doo air OH-fuhr-HWEMMD.

Please don't curse around my children.
Svär inte omkring mina barn, tack.
SVEHR INN-teh omm-KRING MEE-nah barn, tack.

Let go of me!
Släpp mig!
SLEHPP mey!

I'm not going to tell you this again.
Jag kommer inte säga det här igen.
Yahg KOMM-err INN-teh SEY-ah de-HAIR ih-YEN.

Don't yell at me.
Skrik inte åt mig.
SKREEK INN-teh AWT mey.

Lower your voice, please.
Sänk rösten, tack.
SEHNGK RUHSS-tenn, tack.

What is the problem?
Vad är problemet?
Vahd air proh-BLEM-ett?

I would appreciate if you didn't take pictures of me.
Jag skulle uppskatta om du inte tog foton av mig.
Yahg SKOULL-eh oupp-SKAHTT-ah omm doo INN-teh tohg FOUTT-ohn aw mey.

I am very disappointed in the way you are behaving.
Jag är väldigt besviken över ditt beteende.
Yahg air VEHLL-ditt beh-SVEE-kenn ower ditt beh-TEH-enn-deh.

Watch where you are walking!
Se upp var du går!
Seh OUPP vahr doo GAWR!

He just bumped into me!
Han gick precis in i mig!
HAHNN yick preh-sees INN EE mey!

MEDICAL

I would like to set up an appointment with my doctor.
Jag skulle vilja boka en tid hos min läkare.
Yahg SKOULL-eh VILL-yah BOH-kah enn TEED hohs minn LEHK-arr-eh.

I am a new patient and need to fill out forms.
Jag är en ny patient och behöver fylla i formulär.
Yahg air enn NUE PAHSS-ih-ENNT ock beh-UH-verr FUELL-ah ee FORR-mu-LEHR.

I am allergic to certain medications.
Jag är allergisk mot vissa mediciner.
Yahg air ahll-ERR-gissk moht VISS-ah MEDD-ih-SEEN-err.

That is where it hurts.
Det är där det gör ont.
Deh air DAIR deh yuhr OHNT.

I have had the flu for three weeks.
Jag har haft influensa i tre veckor.
Yahg hahr hafft inn-flu-EHNN-sah ee treh VECK-ohrr.

It hurts when I walk on this foot.
Det gör ont när jag går på den här foten.
Deh yuhr OHNT nair yahg GAWR p-aw denn HAIR FOH-tenn.

When is my next appointment?
När är min nästa besök?
NAIR air minn NESS-tah beh-SUHK?

Does my insurance cover this?
Täcker min försäkring det här?
TEHCK-err minn furr-SEH-kring de-HAIR?

Do you want to take a look at my throat?
Vill du kolla min hals?
Vill doo KOLL-ah minn HAHLLS?

Do I need to fast before going there?
Behöver jag fasta innan jag går dit?
Beh-UH-verr yahg FAHSS-tah inn-AHNN yahg gawr DEET?

Is there a cheaper version of this medicine?
Finns det en billigare version av den här medicinen?
Finns deh enn BILL-igare verr-HWOHN ahv denn HAIR MEDD-ih-SEEN-enn?

I need to get back on dialysis.
Jag behöver börja med dialys igen.
Yahg beh-UH-verr BUHRR-yah meh dee-ah-LUES ih-YEN.

My blood type is A.
Min blodgrupp är A.
Minn blohd-GROUPP air Ah.

I will gladly donate blood.
Jag ger gärna blod.
Yahg yehr YEHR-nah blohd.

I have been feeling dizzy.
Jag har känt mig yr.
Yahg hahr SHENNT mey UER.

The condition is getting worse.
Tillståndet försämras.
Till-STONN-dett fush-EHM-rass.

The medicine has made it a little better, but it is still there.
Medicinen har gjort det lite bättre, men det är fortfarande där.
MEDD-ih-SEEN-enn hahr Y-OU-RT deh LEE-teh BETT-reh, men deh air fohrt-FAHR-ann-deh DAIR.

Is my initial health examination tomorrow?
Är min första hälsokontroll imorgon?
Air minn FUHSH-tah HELL-soh-konn-TROLL ih-MORR-onn?

I would like to switch doctors.
Jag skulle vilja byta läkare.
Yahg SKOULL-eh VILL-yah BUE-tah LEHK-arr-eh.

Can you check my blood pressure?
Kan du kolla mitt blodtryck?
Kann doo KOLL-ah mitt blohd-TRUECK?

I have a fever that won't go away.
Jag har en feber som inte går bort.
Yahg hahr enn FEH-berr sohm INN-teh gohr bohrt.

I think my arm is broken.
Jag tror att min arm är bruten.
Yahg trohr att minn AHRRM air BROU-tenn.

I think I have a concussion.
Jag tror att jag har hjärnskakning.
Yahg trohr att yahg hahr yehrn-SKAH-kning.

My eyes refuse to focus.
Mina ögon vägrar att fokusera.
MEE-nah UH-gonn VEHG-rarr att FOH-kuss-EH-rah.

I have double vision.
Jag ser dubbelt.
Yahg sehr DUHBB-ellt.

Is surgery the only way to fix this?
Är operation det enda sättet att fixa det här?
Air OPP-err-ah-HWOHN deh ENN-dah SETT-ett att FICK-sah de-HAIR?

Who are you referring me to?
Vem ger du mig en remiss till?
VEMM year doo mey enn reh-MISS till?

Where is the waiting room?
Var är väntrummet?
VAHR air vennt-RUMM-ett?

Can I bring someone with me into the examination room?
Kan jag ta med mig någon till undersökningsrummet?
Kann yahg tah MEH mey N-AW-gonn till ounn-desh-UHK-nings-RUMM-ett?

I need help filling out these forms.
Jag behöver hjälp med att fylla i de här formulären.
Yahg beh-UH-verr YELLP meh att FUELL-ah ee domm-HAIR FORR-mu-LEHR-enn.

Do you accept Cobra as an insurance provider?
Accepterar du Cobra som försäkringsbolag?
Ack-sepp-TEHR-arr doo KAW-brah somm furr-SEH-krings-boh-LAHG?

How much is my copayment?
Hur mycket är min egenavgift?
Huur MUECK-ett air minn EH-genn-ahv-YIFFT?

What forms of payment do you accept?
Vilka betalmetoder accepterar ni?
VILL-kah beh-TAHL-me-touder ack-sepp-TEHR-arr nee?

Do you have a payment plan, or is it all due now?
Har du en avbetalningsplan, eller ska allt betalas nu?
Hahr doo enn AHV-beh-TAHL-nings-PLAHN, ELL-err skah AHLLT beh-TAH-lahss nou?

My old doctor prescribed something different.
Min gamla läkare skrev ut något annat.
Minn GAHMM-lah LEHK-arr-eh skrev OOT N-AW-gott AHNN-att.

Will you take a look at my leg?
Kan du kolla på mitt ben?
Kann DOO KOLL-ah p-aw mitt BEHN?

I need to be referred to a gynecologist.
Jag behöver en remiss till en gynekolog.
Yahg beh-UH-verr enn reh-MISS till en yuenn-eh-kohl-AWG.

I am unhappy with the medicine you prescribed me.
Jag är inte nöjd med medicinen du skrev ut till mig.
Yahg air INN-teh NUH-IYD meh MEDD-ih-SEEN-enn doo skrev OOT till mey.

Do you see patients on the weekend?
Träffar du patienter på helgen?
TREFF-arr doo PAHSS-ih-ENN-terr p-aw HELLIY-enn?

I need a good therapist.
Jag behöver en bra terapeut.
Yahg beh-UH-verr enn BRA TERR-ah-PEFFT.

How long will it take to rehab this injury?
Hur lång tid kommer det ta att rehabilitera den här skadan?
Huur LONG teed KOMM-err deh TAH att reh-HABB-ill-ih-TEHR-ah denn HAIR SKAH-dann?

I have not gone to the bathroom in over a week.
Jag har inte gått på toaletten på över en vecka.
Yahg hahr INN-teh GOTT p-aw TOH-ah-LETT-enn p-aw UH-verr enn VECK-ah.

I am constipated and feel bloated.
Jag är förstoppad och känner mig svullen.
Yahg air fuhsht-OPP-add ock SHENN-err mey SVOULL-enn.

It hurts when I go to the bathroom.
Det gör ont när jag går på toaletten.
Deh yuhr OHNT nair yahg gawr p-aw toh-ah-LETT-enn.

I have not slept well at all since getting here.
Jag har inte sovit bra alls sedan jag kom hit.
Yahg hahr INN-teh SAW-vitt bra ALLS senn yahg komm HEET.

Do you have any pain killers?
Har du några värktabletter?
HAHR doo N-AW-grah VEHRRK-tah-BLETT-err?

I am allergic to that medicine.
Jag är allergisk mot den medicinen.
Yahg air ahll-ERR-gissk moht DENN MEDD-ih-SEEN-enn.

How long will I be under observation?
Hur länge kommer jag att hållas under observation?
Huur LENG-eh KOMM-err yahg att HOLL-ahss OUNN-derr OBB-serr-vah--HWOHN?

I have a toothache.
Jag har tandvärk.
Yahg hahr tannd-VEHRRK.

Do I need to see a dentist?
Behöver jag gå till en tandläkare?
Beh-UH-verr yahg gaw till enn TANND-LEHK-arr-eh?

Does my insurance cover dental?
Täcker min försäkring tandvård?
TEHCK-err minn furr-SEH-kring tannd-VAURD?

My diarrhea won't go away.
Min diarré går inte över.
Minn dee-ah-REH gawr INN-teh UH-verr.

Can I have a copy of the receipt for my insurance?
Kan jag få en kopia av kvittot för min försäkring?
Kann YAHG faw enn koh-PEE-ah ahv KVITT-ott furr minn furr-SEH-kring?

I need a pregnancy test.
Jag behöver ett graviditetstest.
Yahg beh-UH-verr ett GRAH-vidd-ih-TEHTS-tesst.

I think I may be pregnant.
Jag tror att jag kanske är gravid.
Yahg trohr att yahg KANN-hweh air grah-VEED.

May we see a pediatrician?
Kan vi få träffa en barnläkare?
Kann VEE faw TREFF-ah enn BARN-LEHK-arr-eh?

I have had troubles breathing.
Jag har haft problem med andningen.
Yahg hahr hafft proh-BLEM meh AHND-ning-enn.

My sinuses are acting up.
Mina bihålor besvärar mig.
Mee-nah bee-HAUL-or beh-SVEH-rarr mey.

Will I still be able to breastfeed?
Kommer jag fortfarande kunna amma?
KOMM-err yahg fohrt-FAHR-ann-deh KOUNN-ah AHMM-ah?

How long do I have to stay in bed?
Hur länge behöver jag vara sängliggande?
Huur LENG-eh beh-UH-verr YAHG VAH-rah seng-LIGG-ann-deh?

How long do I have to stay in the hospital?
Hur länge måste jag stanna på sjukhuset?
Huur LENG-eh MOSS-teh yahg STAHNN-ah p-aw hwouk-HOOSS-ett?

Is it contagious?
Smittar det?
SMITT-arr deh?

How far along am I?
Hur långt gången är jag?
Huur longt GONG-enn air yahg?

What did the X-ray say?
Vad visade röntgen?
Vahd VEE-sah-deh RUHNNT-genn?

Can I walk without a cane?
Kan jag gå utan käpp?
Kann yahg gaw OU-tahnn shepp?

Is the wheelchair necessary?
Är rullstolen nödvändig?
Air roull-STOHL-enn NUHD-VENN-digg?

Am I in the right area of the hospital?
Är jag i rätt del av sjukhuset?
Air yahg ee RETT DEHL ahv hwouk-HOOSS-ett?

Where is the reception?
Var är receptionen?
VAHR air reh-sepp-HWOHN-enn?

I would like to go to a different waiting area.
Jag skulle vilja gå till ett annat väntrum.
Yahg SKOULL-eh VILL-yah gaw till ett AHNN-att vent-RUMM.

Can I have a change of sheets, please?
Kan jag få nya lakan, tack?
Kann yahg faw NUE-ah LAH-kann, tack?

Excuse me, what is your name?
Ursäkta, vad heter du?
Oo-SHECK-tah, vahd HEH-terr doo ?

Who is the doctor in charge here?
Vilken läkare har ansvaret här?
VILL-kenn LEHK-arr-eh hahr ahnn-SVAH-rett hair?

I need some assistance, please.
Jag behöver hjälp, tack.
Yahg beh-UH-verr ahss-ih-STAHNNS, tack.

Will my recovery affect my ability to work?
Kommer min återhämtning påverka min förmåga att arbeta?
KOMM-err minn AWT-err-HEMMT-ning p-aw-VERR-kah minn furr-MAW-gah att arr-BEH-tah?

How long is the estimated recovery time?
Hur lång är den beräknade återhämtningstiden?
Huur LONG air denn beh-REHK-nadd-eh AWT-err-HEMMT-nings-TEED-enn?

Is that all you can do for me? There has to be another option.
Är det allt du kan göra för mig? Det måste finnas ett annat alternativ.
Air deh AHLLT doo kann YUH-rah FURR mey? Deh MOSS-teh FINN-ahss ett AHNN-att AHLL-terr-nah-TEEV.

I need help with motion sickness.
Jag behöver hjälp med åksjuka.
Yahg beh-UH-verr yelp meh awk-HWOUK-ah.

I'm afraid of needles.
Jag är rädd för nålar.
Yahg air REDD furr NAWL-arr.

My hospital gown is too small; I need another one.
Min patientklädsel är för liten; jag behöver en annan
Minn PAHSS-ih-ENNT-kled-sel air furr LEE-tenn; yahg beh-UH-verr enn AHNN-ahnn.

Can I have an extra pillows?
Kan jag få en extra kudde?
Kann yahg faw enn ECKS-trah KOUDD-eh?

I need assistance getting to the bathroom.
Jag behöver hjälp med att gå på toaletten.
Yahg beh-UH-verr yellp meh att gaw p-aw toh-ah-LETT-enn.

Hi, is the doctor in?
Hej, är läkaren här?
Hey, air LEHK-arr-enn HAIR?

For when should I schedule the next checkup?
När borde jag boka in nästa kontroll?
Nair BOUR-deh yahg BOH-kah INN NESS-tah kon-troll?

When can I have these stitches removed?
När kan jag få stygnen borttagna?
Nair kann yahg faw STUENG-nenn borrt-TAHG-nah?

Do you have any special instructions while I'm in this condition?
Har du några speciella instruktioner till mig medan jag är i det här tillståndet?
HAHR doo N-AW-grah spess-ih-ELL-ah inn-strouck-HWOHN-err till mey MEHD-ann yahg air ee de-HAIR till-STONN-dett?

ORDERING FOOD

Can I see the menu?
Kan jag få se menyn?
Kann yahg faw seh menn-UEN?

I'm really hungry. We should eat something soon.
Jag är jättehungrig. Vi borde äta något snart.
Yahg är YETT-eh-HOUNG-rigg. Vee BOUR-deh EH-tah N-AW-gott SNAHRT.

Can I take a look in the kitchen?
Får jag ta en titt i köket?
Fawr YAHG tah enn TITT ee SHUH-kett?

Can we see the drink menu?
Kan vi få se drink menyn?
Kann vee faw seh DRINK-meh-NUEN?

Where can we sit?
Var kan vi sitta?
Vahr kann vee SITT-ah?

This is very tender and delicious.
Det här är jättemört och utsökt.
De-HAIR air YETT-eh-MUHRT ock oot-SUHKT.

Do you serve alcohol?
Serverar ni alkohol?
Serr-VEAR-arr nee AHLL-koh-HAUL?

I'm afraid our party can't make it.
Tyvärr kan vårt sällskap inte komma.
Tue-VEHRR kann VAURT sell-SKAHP INN-teh KOMM-ah.

That room is reserved for us.
Det där rummet är reserverat för oss.
Deh-DAIR RUMM-ett air reh-serr-VEAR-att furr OSS.

Do you have any seasonal favorites dishes?
Har du några säsongsbetonade favoriträtter?
HAHR doo N-AW-grah seh-SONGS-be-tohn-ade fah-voh-REET-REHTT-err?

Do you offer discounts for kids and seniors?
Har ni rabatter för barn och pensionärer?
HAHR nee N-AW-grah rah-BAHTT-err furr BARN ock pan-chow-NEH-rer?

I would like it filleted.
Jag skulle vilja ha den filead.
Yahg SKOULL-eh VILL-yah hah denn fill-E-add.

I would like to reserve a table for a party of four.
Jag skulle vilja boka ett bord för fyra.
Yahg SKOULL-eh VILL-yah BOH-kah ett BOURD furr FUER-ah.

I would like to place a reservation under my name.
Jag skulle vilja göra en bokning i mitt namn.
Yahg SKOULL-eh VILL-yah YUH-rah enn BOUK-ning ee mitt nah-mn.

What type of alcohol do you serve?
Vilka sorters alkohol serverar ni?
VILL-kah SORR-tesh AHLL-koh-HAUL serr-VEAR-arr-nee?

Do I need a reservation?
Behöver jag en bokning?
Beh-UH-verr yahg enn BOUK-ning?

What does it come with?
Vad ingår?
Vahd inn-GAWR?

What are the ingredients?
Vilka ingredienser är det?
VILL-kah inn-greh-dih-ENN-serr air deh?

What else does the chef put in the dish?
Vad mer använder kocken för den här rätten?
Vahd MEHR ahnn-VENND-err KOCK-enn furr denn HAIR REHTT-enn?

I wonder which of these tastes better?
Jag undrar vilken som smakar bäst av de här?
Yahg OUNN-drarr VILL-kenn somm SMAH-karr BESST ahv domm-HAIR?

That is incorrect. Our reservation was at noon.
Det där är fel. Vår bokning var för klockan tolv.
Deh-DAIR air FEHL. VAUR BOUK-ning vahr furr KLOCK-ann TOLL-V.

I would like red wine, please.
Jag skulle vilja ha rött vin, tack.
Yahg SKOULL-eh VILL-yah hah RUHTT VEEN, tack.

Is it possible to choose soup?
Kan man välja soppa?
Kann mann VELL-yah SOPP-ah?

What is the most popular dish here?
Vilken är den populäraste maträtten här?
VILL-kenn air denn popp-ou-LEHR-ahss-teh maht-RETT-enn hair?

What are the specials today?
Vilka är dagens rätter?
Vil-kah air DAHG-enns RETT-err?

What are your appetizers?
Vad har ni för förrätter?
Vahd HAHR nee furr FURR-RETT-err?

Bring them out separately, please.
Kom ut med dem separat, tack.
KOMM oot meh domm SEH-pah-RAHT, tack.

Do we leave a tip?
Ska vi lämna dricks?
Skah vee LEMM-nah DRICKS?

Are tips included with the bill?
Är dricks inkluderat i notan?
Air DRICKS inn-klou-DEH-ratt ee NOH-tahnn?

Split the bill, please.
Dela på notan, tack.
DEH-lah p-aw NOH-tahnn, tack.

We are paying separately.
Vi betalar var för sig.
Vee beh-TAH-lahrr VAHR furr SEY.

Is there an extra fee for sharing a main course?

Kostar det något extra att dela på en huvudrätt?

KOSS-tarr deh N-AW-gott ECKS-trah att DEH-lah p-aw enn HOOV-oudd-RETT?

Is there a local specialty that you can recommend?

Finns det någon lokal specialitet du kan rekommendera?

Finns deh N-AW-gonn loh-KAHL SPESS-ih-AHLL-ih-TEH doo kann REH-komm-enn-DEH-rah?

This looks different from what I originally ordered.

Det här ser annorlunda ut än det jag ursprungligen beställde.

De-HAIR sehr AHNN-orr-LOUNN-dah oot enn deh yahg oush-PRUNG-ligg-enn beh-STELL-deh.

Is this a self-serve buffet?

Är det här en självbetjäningsbuffé?

Air de-HAIR enn hwellv-beh-SHEH-nings-bouff-EH?

I want a different waiter.

Jag vill ha en annan servitör.

YAHG vill hah enn AHNN-ahnn serr-vih-TUHR.

Move us to a different table, please.

Flytta oss till ett annat bord, tack.

FLUETT-ah oss till ett AHNN-att bourd, tack.

May we put two tables together?

Får vi flytta ihop två bord?

Fawr VEE FLUETT-ah ih-HOHP tvoh bourd?

My spoon is dirty. Can I have another one?

Min sked är smutsig. Kan jag få en annan?

Minn HWEHD air SMOUTT-sigg. Kann yahg faw enn AHNN-ahnn?

We need more napkins, please.

Vi behöver fler servetter, tack.

Vee beh-UH-verr FLEHR serr-VETT-err, tack.

I'm a vegetarian and don't eat meat.

Jag är vegetarian och äter inte kött.

Yahg air VEGG-eh-tahrr-ih-AHN ock EH-terr INN-teh sh-UHTT.

The table next to us is being too loud. Can you say something?
Bordet bredvid oss är alldeles för högljudda. Kan du säga något?
BOUR-dett breh-VEED oss air AHLL-deh-less furr HUHG-YUHDD-ah. Kann DOO SEY-ah N-AW-gott?

Someone is smoking in our non-smoking section.
Någon röker i vår rökfria avdelning.
N-AW-gonn RUH-kerr ee vaur ruhk-FREE-ah ahv-DEHL-ning.

Feel free to seat us in a booth, please.
Ge oss gärna ett bås, tack.
Yeh oss YEHR-nah ett BAUS, tack.

Do you have any non-alcoholic beverages?
Har ni några alkoholfria drycker?
HAHR nee N-AW-grah AHLL-koh-HAUL-FREE-ah DRUECK-err?

Where is the bathroom?
Var är badrummet?
Vahr air BAHD-rumm-ett?

Are you ready to order?
Är du redo att beställa?
Air doo RE-doh att beh-STELL-ah?

Five more minutes, please.
Fem minuter till, tack.
Femm minn-UE-terr till, tack.

What time do you close?
Hur dags stänger ni?
Huur DAHCKS STENG-err nee?

Is there pork in this dish? I don't eat pork.
Är det fläsk i den här maträtten? Jag äter inte fläsk.
Air deh FLESSK ee denn HAIR maht-RETT-enn? Yahg EH-terr INN-teh FLESSK.

Do you have any vegan dishes?
Har ni några vegan maträtter?
HAHR nee N-AW-grah veh-GAHN maht-RETT-err?

Are these vegetables fresh?
Är de här grönsakerna färska?
Air domm-HAIR gruhn-SAHK-err-nah FEHSH-kah?

Have any of these vegetables been cooked in butter?
Har någon av de här grönsakerna tillagats i smör?
Hahr N-AW-gonn ahv domm-HAIR gruhn-SAHK-err-nah till-AHG-atts ee SMUHR?

Is this food spicy?
Är den här maten kryddad?
Air denn HAIR MAHT-enn kruh-dad?

Is this sweet?
Är det här sött?
Air de-HAIR SUHTT?

I would like more, please.
Jag skulle vilja ha mer, tack.
Yahg SKOULL-eh VILL-yah hah MEHR, tack.

I would like a dish containing these ingredients.
Jag skulle vilja ha en maträtt som innehåller de här ingredienserna.
Yahg SKOULL-eh VILL-yah hah enn maht-RETT somm INN-eh-HOLL-err domm-HAIR inn-greh-dih-ENN-serr-nah.

Can you make this dish light? Thank you.
Kan du göra den här rätten light? Tack.
Kann doo YUH-rah denn-HAIR RETT-enn light? Tack.

Nothing else.
Inget annat.
ING-ett AHNN-att.

Clear the plates, please.
Ta bort tallrikarna, tack.
Tah BOHRT tahll-RICK-arr-nah, tack.

May I have a cup of soup?
Kan jag få en skål soppa?
Kann YAHG faw enn skaul SOPP-ah?

Do you have any snacks?
Har ni något tilltugg?
HAHR nee N-AW-got till-tuhg?

Another round, please.
En runda till, tack.
Enn ROUNN-dah TILL, tack.

At what time does the bar close? [
Hur dags stänger baren?
Huur DAHCKS STENG-err BAHR-enn?

That was delicious!
Det där var utsökt!
Deh-DAIR vahr oot-SUHKT!

Does this have alcohol in it?
Innehåller det här alkohol?
INN-eh-HOLL-err de-HAIR AHLL-koh-HAUL?

Does this have nuts in it?
Innehåller det här nötter?
INN-eh-HOLL-err de-HAIR NUHTT-err?

Is this gluten free?
Är det här glutenfritt?
Air de-HAIR GLOU-tenn-FRITT?

Can I get this to go?
Kan jag få ta med mig det här?
Kann yahg faw tah MEH mey de-HAIR?

May I have a refill?
Kan jag få en påfyllning?
Kann yahg faw enn p-aw-FUELL-ning?

Is this dish kosher?
Är den här rätten kosher?
Air denn HAIR RETT-enn KAUSH-err?

I would like to change my drink.
Jag skulle vilja byta dricka.
Yahg SKOULL-eh VILL-yah BUE-tah DRICK-ah.

My coffee is cold. Could you please heat it up?
Mitt kaffe är kallt. Skulle du kunna värma upp det, tack?
Mitt KAHFF-eh air KALLT. SKOULL-eh DOO KUNN-ah VERR-mah OUPP deh, tack?

Do you have coffee?
Har ni kaffe?
Hahr nee KAHFF-eh?

May I have cream in my coffee?
Kan jag få grädde i mitt kaffe?
Kann yahg faw GREHDD-eh ee mitt KAHFF-eh?

Put extra sugar in my coffee, please.
Lägg i extra socker i mitt kaffe, tack.
LEGG ee ECKS-trah SOCK-err ee mitt KAHFF-eh, tack.

I would like to have my coffee served black, no cream and no sugar.
Jag skulle vilja ha mitt kaffe svart, ingen grädde och inget socker.
Yahg SKOULL-eh VILL-yah hah mitt KAHFF-eh SVAHRT, ING-enn GREHDD-eh ock ING-ett SOCK-err.

I would like to have decaffeinated coffee, please.
Jag skulle vilja ha koffeinfritt kaffe, tack.
Yahg SKOULL-eh VILL-yah hah KOFF-eh-EEN-FRITT KAHFF-eh, tack.

Do you have coffee-flavored ice cream?
Har ni glass med kaffesmak?
Hahr nee GLAHSS meh KAHFF-eh-SMAHK?

Please put cream and sugar on the side so that I can add it myself.
Ge mig gärna grädde och socker på sidan så att jag kan lägga till det själv.
Yeh mey YEHR-nah GREHDD-eh ock SOCK-err p-aw SEED-ahnn s-aw yahg kann LEGG-ah TILL deh HWELLV.

I would like to order an iced coffee.
Jag skulle vilja beställa en iskaffe.
Yahg SKOULL-eh VILL-yah beh-STELL-ah enn ees-KAHFF-eh.

I would like an espresso, please.
Jag skulle vilja ha en espresso, tack.
Yahg SKOULL-eh VILL-yah hah enn ess-PRESS-oh, tack.

Do you have milk with 2 percent fat?
Har ni mjölk med 2 procent fett?
Hahr nee M-YUHLL-K meh TVOH proh-SENNT FETT?

Do you have soy milk?
Har ni sojamjölk?
Hahr nee SOY-ah-M-YUHLL-K?

Do you have almond milk?
Har ni mandelmjölk?
Hahr nee MANN-dell-M-YUHLL-K?

Are there any milk-alternatives?
Finns det några mjölkalternativ?
FINNS deh N-AW-grah M-YUHLL-K-AHLL-terr-nah-TEEV?

Please put the lemons for my tea on the side.
Lägg citronen till mitt te på sidan, tack.
LEGG see-TROU-nenn till mitt TEH p-aw SEED-ahnn, tack.

No lemons with my tea, thank you.
Ingen citron med mitt te, tack.
ING-enn see-TROUN meh mitt TEH, tack.

Is the water tap water?
Är vattnet kranvatten?
Air VAHTT-nett krahn-VAHTT-enn?

Sparkling water, please.
Kolsyrat vatten, tack.
Kaul-SUER-att VAHTT-enn, tack.

Can I get a diet coke?
Kan jag få en cola light?
Kann yahg faw enn KAUL-ah LIGHT?

We're ready to order.
Vi är redo att beställa.
Vee air RE-doh att beh-STELL-ah.

Can we be seated over there instead?
Kan vi få sitta där borta istället?
Kann vee faw SITT-ah DAIR BOHRT-ah ih-STELL-ett?

Can we have a seat outside?
Kan vi få sitta utomhus?
Kann VEE faw SITT-ah OOT-omm-HUSS?

No salt, please.
Inget salt, tack.
ING-ett SAHLLT, tack.

I would like this for my main course.
Jag skulle vilja ha det här till huvudrätt.
Yahg SKOULL-eh VILL-yah hah de-HAIR till HOOV-oudd-RETT.

I would like the soup instead of salad.
Jag skulle vilja ha soppan istället för sallad.
Yahg SKOULL-eh VILL-yah hah SOPP-ann ih-STELL-ett furr SAHLL-ahdd.

I'll have the hamburger.
Jag tar hamburgaren.
Yahg tahr hahmm-BOUR-yah-renn.

May I change my order?
Kan jag få ändra min beställning?
Kann yahg faw ENND-rah minn beh-STELL-ning?

Do you have a kids' menu?
Har ni en barnmeny?
Hahr nee enn BARN-meh-NUE?

How long do you serve the lunch menu?
Hur länge serverar ni lunchmenyn?
Huur LENG-eh serr-VEAR-arr nee LUNNSH-meh-NUEN?

When do you start serving the dinner menu?
Hur dags börjar ni servera middagsmenyn?
Huur DAHCKS BUHRR-yarr nee serr-VEAR-ah MIDD-ahss-meh-NUEN?

Do you have any recommendations from the menu?
Har du några rekommendationer från menyn?
HAHR doo N-AW-grah REH-komm-ENN-dah-HWOHN-err frawn meh-NUEN?

I would like to place an off-menu order.
Jag skulle vilja beställa något som inte finns på menyn.
Yahg SKOULL-eh VILL-yah beh-STELL-ah N-AW-gott somm INN-teh finns p-aw meh-NUEN.

Can we see the dessert menu?
Kan vi få se dessertmenyn?
Kann vee faw SEH dess-EHR-meh-NUEN?

Is this available without sugar?
Kan man få det här utan socker?
Kann mann faw de-HAIR OU-tahnn SOCK-err?

May we have the bill, please?
Kan vi få notan, tack?
Kann vee faw NOH-tahnn, tack.

Where can we pay?
Var kan vi betala?
VAHR kann vee beh-TAH-lah?

Hi, we are here with the party of Isaac.
Hej, vi är här med Isaacs sällskap.
Hey, vee air HAIR meh ees-AHCKS sell-SKAHP.

We haven't made up our minds yet on what to order. Can we have a few more minutes, please?
Vi har inte bestämt vad vi ska beställa ännu. Kan vi få några minuter till, tack?
Vee hahr INN-teh beh-STEMMT vahd vee skah beh-STELL-ah ENN-nou. Kann vee faw N-AW-grah minn-UE-terr TILL, tack?

Waiter!
Servitör!
Serr-vih-TUHR!

Waitress!
Servitris!
Serr-vih-TREES!

I haven't decided yet, come back to me, please.
Jag har inte bestämt mig ännu, kom tillbaka till mig, tack.
Yahg hahr INN-teh beh-STEMMT mey ENN-nou, komm till-BAH-kah till mey, tack.

Can we have a pitcher of that?
Kan vi få en kanna av det där?
Kann vee faw enn KAHNN-ah ahv deh-DAIR?

This is someone else's meal.
Det här är någon annans mat.
De-HAIR air N-AW-gonn AHNN-ahnns MAHT.

Can you heat this up a little more?
Kan du värma upp det här lite mer?
Kann doo VERR-mah OUPP de-HAIR LEE-teh MEHR?

I'm afraid I didn't order this.
Jag beställde inte det här, är jag rädd.
Yahg beh-STELL-deh INN-te de-HAIR, air yahg redd.

The same thing again, please.
Samma sak igen, tack.
SAHMM-ah sahk ih-YEN, tack.

Can we have another bottle of wine?
Kan vi få en flaska vin till?
Kann vee faw enn FLAHSS-kah VEEN till?

That was perfect, thank you!
Det där var perfekt, tack!
Deh DAIR vahr pehr-FECKT, tack!

Everything was good.
Allt var bra.
Ahllt vahr bra.

Excuse me, but this bill is incorrect.
Ursäkta, men den här notan är inkorrekt.
Oo-SHECK-tah, menn denn HAIR NOH-tahnn air inn-koh-RECKT.

Can I have clean cutlery?
Kan jag få rena bestick?
Kann yahg faw REH-nah beh-STICK?

Can we have more napkins?
Kan vi få fler servetter?
Kann vee faw FLEHR serr-VETT-err?

Can I have another straw?
Kan jag få ett annat sugrör?
Kann yahg faw ett AHNN-att soug-RUHR?

What sides can I have with that?
Vilka sidorätter kan jag få med det där?
VILL-kah SEED-oh-RETT-err kann yahg FAW meh deh-DAIR?

Excuse me, but this is overcooked.
Ursäkta, men det här är överkokt.
Oo-SHECK-tah, menn de-HAIR air UH-verr-KOHkht.

May I talk to the chef?
Kan jag få tala med kocken?
Kann yahg faw TAH-lah meh KOCK-enn?

We have booked a table for fifteen people.
Vi har bokat ett bord för femton personer.
Vee hahr BOH-kahtt ett BOURD furr FEMM-tonn peh-SHOHN-err.

Are there any tables available?
Finns det några lediga bord?
FINNS deh N-AW-grah LEH-digg-ah bourd?

I would like one beer, please.
Jag skulle vilja ha en öl, tack.
Yahg SKOULL-eh VILL-yah hah enn UHL, tack.

Can I have ice with this?
Kan jag få is med det här?
Kann yahg faw EES meh de-HAIR?

I would like to order a dark beer.
Jag skulle vilja beställa en mörk öl.
Yahg SKOULL-eh VILL-yah beh-STELL-ah enn murrk uhl.

Do you have any beer from the tap?
Har du någon fatöl?
Hahr doo N-AW-gonn FAHT-uhl?

How expensive is your champagne?
Hur dyr är er champagne?
Huur DUER air ehr hwamm-PANN-iy?

Enjoy your meal.
Smaklig måltid.
SMAHK-ligg MAUL-TEED.

I want this.
Jag vill ha det här.
Yahg vill hah de-HAIR.

Can I have my meat well done, please.
Kan jag få mitt kött väl genomstekt, tack.
Kann yahg faw mitt sh-UHTT VEHL YEH-nomm-STEHKT, tack.

73

Can I have my meat medium rare, please.
Kan jag få mitt kött medium rare, tack.
Kann yahg faw mitt sh-UHTT MEHD-ih-oumm RAIR, tack.

Can I have my meat rare, please.
Kan jag få mitt kött blodigt, tack.
Kann yahg faw mitt sh-UHTT BLOHD-itt, tack.

What type of fish do you have?
Vilka sorters fisk har ni?
VILL-kah SORR-tesh FISSK hahr nee?

Can I make a substitution with my meal?
Kan jag få byta ut något i min maträtt?
Kann yahg faw BUE-tah OOT N-AW-gott ee minn maht-RETT?

Do you have a booster seat for my child?
Har du en booster kudde till mitt barn?
Hahr doo enn booster-KOUDD-eh till mitt BARN?

Call us when you get a table.
Ring oss när du får ett bord.
RING oss nair doo fawr ett BOURD.

Is this a non-smoking section?
Är det här en rökfri avdelning?*Air de-HAIR enn ruhk-FREE ahv-DEHL-ning?*

We would like to be seated in the smoking section.
Vi skulle vilja sitta i rökavdelningen.
Vee SKOULL-eh VILL-yah SITT-ah ee RUHK-ahv-DEHL-ning-enn.

This meat tastes funny.
Det här köttet smakar konstigt.
De-HAIR sh-UHTT-ett SMAH-kahrr KONN-stitt.

More people will be joining us later.
Det kommer fler personer senare.
Deh KOMM-err FLEHR peh-SHOHN-err SEH-na-REH.

TRANSPORTATION

Where's the train station?
Var är tågstationen?
VAHR air TAUG-stah-HWOHN-enn?

How much does it cost to get to this address?
Hur mycket kostar det att ta sig till den här adressen?
Huur MUECK-ett KOSS-tahrr deh att TAH sey till denn HAIR ah-DRESS-enn?

What type of payment do you accept?
Vilken betalmetod accepterar du?
VILL-ken beh-TAHL-meh-tod ack-sepp-TEHR-arr doo?

Do you have first-class tickets available?
Har ni bokningsbara första klass biljetter?
HAHR nee BOHK-nings-BAH-rah FUHSH-tah-KLASS-bill-YETT-err?

What platform do I need to be on to catch this train?
Vilken plattform måste jag vara på för att ta det här tåget?
VILL-kenn plahtt-FORRM MOSS-teh yahg VAH-rah p-aw furr att ta de-HAIR TAUG-ett?

Are the roads paved in this area?
Är vägarna asfalterade i det här området?
Air VEH-garr-nah ahss-fahll-TEAR-ah-deh ee de-HAIR omm-RAWD-ett?

Where are the dirt roads, and how do I avoid them?
Var är grusvägarna och hur undviker jag dem?
VAHR air grouss-VEH-garr-nah ock huur unnd-VEEK-err yahg domm?

Are there any potholes I need to avoid?
Finns det några väggropar jag borde undvika?
FINNS deh N-AW-grah VEHG-grrooh-PAHR yahg BOUR-deh unnd-VEE-kah?

How fast are you driving?
Hur fort kör du?
Huur FOHRT shuhr doo?

Do I need to put my emergency blinkers on?
Behöver jag sätta på mina fyrvägsblinkers?
Beh-UH-verr yahg SETT-ah p-aw MEE-nah fuhr-VEGSBLINN-kesh?

Make sure to use the right turn signals.
Se till att använda rätt blinkers.
Seh till att ahnn-VENN-dah RETT BLINN-kesh.

We need a good mechanic.
Vi behöver en bra mekaniker.
Vee beh-UH-verr enn BRA meh-KAH-nick-err.

Can we get a push?
Kan vi få en knuff?
Kann vee faw enn KNOUFF?

I have to call the towing company to move my car.
Jag måste ringa bärgningsföretaget så de kan flytta min bil.
Yahg MOSS-teh RING-ah BEHRR-iy-nings-FURR-eh-TAH-gett s-aw domm kann FLUETT-ah minn beel.

Make sure to check the battery and spark plugs for any problems.
Se till att kolla att det inte finns några problem med batteriet eller tändstiftet.
Seh till ahtt KOLL-ah ahtt deh INN-teh finns N-AW-grah proh-BLEM meh bahtt-eh-REE-ett ELL-err tend-STIFF-tett.

Check the oil level.
Kontrollera oljenivån.
Konn-troll-EH-rah OLL-yeh-nih-VAUN.

I need to notify my insurance company.
Jag behöver meddela mitt försäkringsbolag.
Yahg beh-UH-verr meh-DEH-lah mitt furr-SEH-krings-boh-LAHG.

When do I pay the taxi driver?
När betalar jag taxichauffören?
Nair beh-TAH-lahrr yahg tack-SIH-hwah-FURR-enn?

Please take me to the nearest train station.
Ta mig till närmaste tågstation, tack.
TAH mey till NEHRR-mass-teh TAUG-stah-HWOHN, tack.

How long does it take to get to this address?
Hur lång tid tar det att åka till den här adressen?
Huur LONG TEED tahr deh att AU-kah till denn HAIR ah-DRESS-enn?

Can you stop here, please?
Kan du stanna här, tack?
Kann doo STAHNN-ah HAIR, tack?

You can drop me off anywhere around here.
Du kan släppa av mig var som helst här.
Doo kann SLEHPP-ah AHV mey VAHR-somm-HELLST hair.

Is there a charge for extra passengers?
Finns det någon avgift för extra passagerare?
Finns deh N-AW-gonn ahv-YIFFT furr ECKS-trah pahss-ah-HWER-ah-reh?

What is the condition of the road? Is it safe to travel there?
Hur är vägens tillstånd? Är det säkert att resa dit?
HUUR air VEHG-enns till-STONND? Air deh SEHK-errt att REH-sah DEET?

Take me to the emergency room.
Ta mig till akuten.
Tah mey till ah-KUE-tenn.

Take me to the embassy.
Ta mig till ambassaden.
Tah mey till ahmm-bahss-AH-denn.

I want to travel around the country.
Jag vill resa runt i landet.
Yahg vill REH-sah ROUNNT ee LANN-dett.

Is this the right side of the road?
Är det här rätt sida av vägen?
Air de-HAIR RETT SEE-dah ahv VEHG-enn?

My car broke down, please help!
Min bil gick sönder, snälla hjälp!
Minn BEEL yick SUHNN-derr, SNELL-ah yellp!

Can you help me change my tire?
Kan du hjälpa mig att byta däck?
Kann doo YELL-pah mey att BUE-tah DECK?

Where can I get a rental car?
Var kan jag få tag på en hyrbil?
VAHR kann yahg faw tahg p-aw enn huer-BEEL?

Take us to the hospital, please.
Ta oss till sjukhuset, tack.
Tah oss till hwouk-HOOSS-ett, tack.

Is that the car rental office?
Är det där biluthyrningskontoret?
Air deh-DAIR BEEL-oot-HUER-nings-konn-TOHR-ett?

May I have a price list for your fleet?
Kan jag få en prislista för din bilpark?
Kann yahg faw enn prees-LISS-tah furr dinn BEEL-park?

Can I get insurance on this rental car?
Kan jag teckna försäkring för den här hyrbilen?
Kann yahg TECK-nah furr-SEH-kring furr denn HAIR huer-BEEL-enn?

How much does the car cost per day?
Hur mycket kostar bilen per dag?
Huur MUECK-ett KOSS-tarr BEEL-enn pehr DAHG?

How many kilometers can I travel with this car?
Hur många kilometer kan jag resa med den här bilen?
Huur MONG-ah SHILL-oh-MEH-terr kann yahg REH-sah meh denn HAIR BEEL-enn?

I would like maps of the region if you have any.
Jag skulle gärna vilja ha kartor över regionen om du har några.
Yahg SKOULL-eh YEHR-nah VILL-yah hah N-AW-grah KAHR-tourr UH-verr re-gi-ONEN omm doo HAHR N-AW-grah.

When I am done with the car, where do I return it?
Var ska jag lämna tillbaka bilen när jag är klar med den?
VAHR skah yahg LEMM-nah till-BAH-kah BEEL-enn nair yahg air KLAHR meh denn?

Is this a standard or automatic gearbox?
Är det här en standard eller automatisk växellåda?
Air de-HAIR enn STAHNN-darrd ELL-err ow-toh-MAHT-issk VECKS-ell-LAUD-ah?

Is this car gas-efficient? How many kilometers per liter?
Är den här bilen bränslesnål? Hur många kilometer per liter?
Air denn HAIR BEEL-enn BRENNS-leh-SNAUL? Huur MONG-ah SHILL-oh-MEH-terr pehr LEET-err?

Where is the spare tire?
Var är reservhjulet?
VAHR air reh-SERRV-YOU-lett?

Are there places around the city where it is difficult to drive?
Finns det några områden runt staden där det är svårt att köra?
FINNS deh N-AW-grah omm-RAWD-enn ROUNNT STAHN dair deh air SVAURT att SHUH-rah?

At what time of the day is the traffic the worst?
Under vilken tid på dagen är trafiken som värst?
OUNN-derr VILL-kenn TEED p-aw DAH-genn air trah-FEEK-enn somm VEHSHT?

We can't park here.
Vi kan inte parkera här.
Vee kann INN-teh parr-KE-rah hair.

What is the speed limit?
Vad är hastighetsgränsen?
Vahd air HASS-tigg-hehts-GREHNN-senn?

Keep the change.
Behåll växeln.
Beh-HOLL VECKS-elln.

Come, let's get off here.
Kom, så går vi av här.
Komm, s-aw gawr vee AHV hair.

Is the bus stop nearby?
Ligger busshållplatsen nära?
LIGG-err BOUSS-holl-PLAHTT-senn NAIR-ah?

When does the bus leave?
När går bussen?
Nair gawr BOUSS-enn?

Where can I catch a taxi?
Var kan jag få tag på en taxi?
VAHR kann yahg faw TAHG p-aw enn TACK-sih?

Does the train go to T-Centralen (metro station in Stockholm)?
Går tåget till T-Centralen?
Gawr TAUG-ett till Teh-senn-trah-lenn?

Where can I purchase tickets?
Var kan jag köpa biljetter?
Vahr kann yahg SHUH-pah bill-YETT-err?

How much does a ticket to the north cost?
Hur mycket kostar en biljett norrut?
Huur MUECK-ett KOSS-tarr enn bill-YETT NORR-ou-t?

What is the next stop along this route?
Vilken är nästa hållplats på den här sträckan?
VIL-ken air NESS-tah HOLL-plahtts p-aw denn HAIR STRECK-ahnn?

Can I get a ticket to the north?
Kan jag få en biljett norrut?
Kann yahg faw enn bill-YETT NORR-ou-t?

Where is my platform?
Var ligger min plattform?
VAHR LIGG-err minn plahtt-FORRM?

Where can I place my luggage?
Var kan jag placera mitt bagage?
VAHR kann yahg plah-SE-rah mitt bah-GAHSH?

Are there any canceled departures today?
Finns det några inställda avgångar idag?
FINNS deh N-AW-grah inn-STELL-dah AHV-gong-arr ih-DAHG?

Where are the machines that dispense tickets?
Var är biljettautomaterna?
VAHR air bill-YETT-ow-toh-MAHT-err-nah?

Does this car come with insurance?
Ingår det försäkring med den här bilen?
Inn-GAWR deh furr-SEH-kring meh denn HAIR BEEL-enn?

May I have a timetable, please?
Kan jag få en tidtabell, tack?
Kann YAHG faw enn TEED-tah-BELL, tack?

How often do trains come to this area?
Hur ofta går det tåg till det här området?
Huur OFF-tah gawr deh taug till de-HAIR omm-RAWD-ett?

Is the train running late?
Är tåget försenat?
Air TAUG-ett furr-SEHN-att?

Is the train cancelled?
Är tåget inställt?
Air TAUG-ett inn-STELLT?

Is this seat available?
Är den här platsen ledig?
Air denn-HAIR PLAHTT-senn LEH-digg?

Do you mind if I sit here?
Går det bra om jag sitter här?
Gawr deh BRA omm yahg SITT-err HAIR?

I've lost my ticket.
Jag har tappat bort min biljett.
Yahg hahr TAHPP-att BOHRT minn bill-YETT.

Excuse me, this is my stop.
Ursäkta, det här är min hållplats.
Oo-SHECK-tah, de-HAIR air MINN holl-PLAHTTS.

Can you open the window, please?
Kan du öppna fönstret, tack?
Kann doo UHPP-nah FUHNN-strett, tack?

Is smoking allowed in the car?
Är rökning tillåten i bilen?
Air RUHK-ning till-AUT-enn ee BEEL-enn?

Wait, my luggage is still on board!
Vänta, mitt bagage är fortfarande ombord!
VENN-tah, mitt bah-GAHSH air fohrt-FAHR-ann-deh omm-BOURD!

Where can I get a map?
Var kan jag få tag på en karta?
VAHR kann yahg faw TAHG p-aw enn KAHR-tah?

What zone is this?
Vilken zon är det här?
VILL-kenn SOON air de-HAIR?

Please mind the gap!
Uppmärksamma avståndet!
OUPP-mehrk-SAHMM-ah ahv-STONN-deht!

The fuel is about to run out.
Bränslet håller på att ta slut.
BRENNS-lett HOLL-err p-aw att tah SLOOT.

My tank is half full.
Min tank är halvfull.
Minn TAHNNK air hahlv-FOULL.

What type of fuel does this car run on?
Vilket sorts bränsle går den här bilen på?
VILL-kett sortsh BRENNS-leh gawr denn HAIR BEEL-enn p-aw?

There is gas leaking out of my car.
Min bil läcker bensin.
Minn BEEL LECK-err benn-SEEN.

Fill up the tank.
Fyll tanken.
FUELL TANN-kenn.

My car is out of gas.
Min bil har slut på bensin.
Min BEEL hahr sloot p-aw benn-SEEN.

Where can I find the nearest gas station?
Var hittar jag närmaste bensinstation?
VAHR HITT-arr yahg NEHRR-mass-teh benn-SEEN-stah-HWOHN?

The engine light for my car is on.
Min bils motorlampa lyser.
Minn BEELS MOH-torr-LAHMM-pah LUESS-err.

Do you mind if I drive?
Är det okej om jag kör?
Air deh ock-EY omm YAHG shuhr?

Get in the back seat, please.
Sätt dig i baksätet, tack.
SETT dey ee bahk-SEH-tett, tack.

Let me get my bags before you leave.
Låt mig ta mina väskor innan du åker.
L-awt mey TAH MEE-nah vessk-OHR inn-AHNN doo AUK-err.

The weather is bad, please drive slowly.
Det är dåligt väder, snälla kör sakta.
Deh air DAWL-itt VEH-derr, SNELL-ah shuhr SAHCK-tah.

Our vehicle isn't equipped to travel there.
Vårt fordon är inte utrustat för att köra där.
Vaurt fou-r-DOHN air INN-teh oot-ROUSS-tahtt furr att SHUH-rah dair.

One ticket to the north, please.
En biljett norrut, tack.
Enn bill-YETT NORR-ou-t, tack.

If you get lost, call me.
Om du går vilse, ring mig.
Omm doo gawr VILL-seh, RING mey.

That bus is overcrowded. I will wait for the next one.
Den där bussen är överfull. Jag väntar på nästa.
Denn DAIR BOUSS-enn air UH-verr-FOULL. Yahg VENN-tarr p-aw NESS-tah.

Please, take my seat.
Snälla, ta mitt säte.
SNELL-ah, TAH mitt SEH-teh.

Ma'am, I think your stop is coming up soon.
Ursäkta frun, jag tror att vi kommer till din hållplats snart.
Oo-SHECK-tah froon, yahg trohr att vee KOMM-err till DINN HOLL-plahtts snahrt.

Wake me up when we get to our destination.
Väck mig när vi kommer fram.
VECK mey NAIR vee KOMM-err FRAHMM.

I would like to purchase a travel pass for the entire day.
Jag skulle vilja köpa ett resekort för hela dagen.
Yahg SKOULL-eh VILL-yah SHUH-pah ett REH-seh-KOURT furr HEH-lah DAH-genn.

Would you like to swap seats with me?
Skulle du vilja byta plats med mig?
SKOULL-eh DOO VILL-yah BUE-tah PLAHTTS meh MEY?

I want to sit with my family.
Jag vill sitta med min familj.
Yahg vill SITT-ah meh minn fah-MILL-iy.

I would like a window seat for this trip.
Jag skulle vilja ha en fönsterplats under den här resan.
Yahg SKOULL-eh VILL-yah hah enn FUHNN-stehrr-PLAHTTS UHN-der denn HAIR REH-sann.

RELIGIOUS QUESTIONS

Where can I go to pray?
Vart kan jag gå för att be?
VAHRT kann yahg GAW furr att BEH?

What services does your church offer?
Vilka tjänster erbjuder er kyrka?
VILL-kah SH-EHN-sterr ehr-BYOU-derr ehr SHUERR-kah?

Are you non-denominational?
Är ni inte religiösa?
Air nee IN-te re-li-HWOUSSA?

Is there a shuttle to your church?
Kan man få skjuts till er kyrka?
Kann mann faw HWOUSS till ehr SHUERR-kah?

How long is the church service?
Hur lång är gudstjänsten?
Huur LONG air goods-SHENN-stenn?

Where is your bathroom?
Var är ert badrum?
Vahr air EHRT BAHD-rumm?

What should I wear to your services?
Vad borde jag ha på mig till era gudstjänster?
Vahd BOUR-deh yahg hah P-AW mey till ehrah goods-SHENN-sterr?

Where is the nearest Catholic church?
Var ligger den närmaste katolska kyrkan?
VAHR LIGG-err denn NEHRR-mass-teh kah-TAWLL-skah SHUERR-kahnn?

Where is the nearest mosque?
Var ligger den närmaste moskén?
VAHR LIGG-err denn NEHRR-mass-teh moss-KEHN?

Does your church perform weddings?
Viger ni folk i er kyrka?
VEEG-err nee FOLLK ee ehr SHUERR-kah?

Who is getting married?
Vem gifter sig?
Vehm YIFFT-err sey?

Will our marriage license be legal if we leave the country?
Kommer vår äktenskapslicens vara giltig om vi lämnar landet?
KOMM-err vaur EHCK-tenn-skahps-lih-SENNS VAH-rah YILL-tigg omm vee LEMM-narr LANN-dett?

Where can we get our marriage license?
Var kan vi få vår äktenskapslicens?
VAHR kann vee faw vaur EHCK-tenn-skahps-lih-SENNS?

What is the charge for marrying us?
Vad kostar det att viga oss?
Vahd KOSS-tarr deh att VEE-gah oss?

Do you marry same-sex couples?
Viger ni samkönade par?
VEEG-err nee sahmm-SHUH-nah-deh par?

Gather here to pray.
Samlas här för att be.
SAHMM-lahss hair furr att beh.

I would like to lead a sermon.
Jag skulle vilja predika.
Yahg SKOULL-eh VILL-yah preh-DEE-kah.

I would like to help with the prayer.
Jag skulle vilja hjälpa till med bönen.
Yahg SKOULL-eh VILL-yah YELL-pah till meh BUHN-enn.

How should I dress before arriving?
Hur bör jag klä mig innan jag kommer?
Huur buhr yahg KLEH mey inn-AHNN yahg KOMM-err?

What rules do you have?
Vad har ni för regler?
Vahd HAHR nee furr REHG-lerr?

Are cell phones allowed in your building?
Är mobil tillåtna i er byggnad?
Air moh-BEEL till-AUT-nah ee ehr BUEGG-nadd?

I plan on bringing my family this Sunday.
Jag planerar att ta med mig min familj på söndag.
Yahg plann-E-rarr att tah MEH mey minn fah-MILL-iy p-aw SUHN-dahg.

Do you accept donations?
Tar ni emot donationer?
Tahr nee eh-MOHT donn-ah-HWOHN-err?

I would like to offer my time to support this cause.
Jag skulle vilja ge min tid för att stödja den här saken.
Yahg SKOULL-eh VILL-yah yeh minn TEED furr att STUHD-yah denn HAIR SA-ken.

What book should I be reading from?
Vilken bok borde jag läsa från?
VILL-kenn BOHK BOUR-deh yahg LEH-sah FRAWN?

Do you have a gift store?
Har ni en presentbutik?
Hahr NEE enn preh-SENNT-bou-TEEK?

EMERGENCY

I need help over here!
Jag behöver hjälp här borta!
Yahg beh-UH-verr YELLP HAIR BOHRT-ah!

I'm lost, please help me.
Jag är vilse, snälla hjälp mig.
Yahg air VILL-seh, SNELL-ah YELLP mey.

Call the police!
Ring polisen!
RING poh-LEES-enn!

Is there a lawyer who speaks English?
Finns det någon advokat som talar engelska?
FINNS deh N-AW-gonn ADD-voh-KAHT somm TAH-larr ENG-ell-skah?

Please help, my car doesn't work.
Snälla, hjälp mig, min bil fungerar inte.
SNELL-ah, yellp mey, minn BEEL fuhnn-GEH-rahr INN-teh.

There was a collision!
Det hände en olycka!
Deh HENN-deh enn oh-LUECK-ah.

Call an ambulance!
Ringambulans!
RING amm-bouh-LAHNNS.

Am I under arrest?
Är jag gripen?
Air yahg GREE-penn?

I need an interpreter, this is an emergency!
Jag behöver en tolk, det här är en nödsituation!
Yahg beh-UH-verr enn TOLLK, de-HAIR air en NUHD-sitt-wah-HWOHN!

My back hurts.
Min rygg gör ont.
Minn RUEGG yuhr OHNT.

Is there an American consulate here?
Finns det ett amerikanskt konsulat här?
Finns deh ett amm-rih-KAHN-skt konn-sou-LAHT hair?

I'm sick and don't feel too well.
Jag är sjuk och mår inte så bra.
Yahg air HWOUK ock maur INN-teh s-aw BRA.

Is there a pharmacy where I can buy medicine?
Finns det ett apotek där jag kan köpa medicin?
Finns deh ett AH-poh-TEHK dair yahg kann SHUH-pah MEDD-ih-SEEN?

I need a doctor immediately.
Jag behöver en läkare genast.
Yahg beh-UH-verr enn LEHK-arr-eh YEHN-asst.

I have a tooth missing.
Jag har tappat en tand.
Yahg hahr TAHPP-att enn TANND.

Can someone give me my child!
Kan någon ge mig mitt barn!
Kann N-AW-gonn YEH mey mitt BARN!

Where does it hurt?
Var gör det ont?
VAHR yuhr deh OHNT?

Hold on to me!
Håll i mig!
Holl EE mey!

It is an emergency!
Det är en nödsituation!
Deh air enn NUHD-sitt-wah-HWOHN.

I need a telephone to call for help.
Jag behöver en telefon för att ringa efter hjälp.
Yahg beh-UH-verr enn tell-eh-FAUN furr att RING-ah EFF-terr YELLP.

My nose is bleeding.
Min näsa blöder.
Minn NEH-sah BLUH-derr.

I twisted my ankle.
Jag stukade foten.
Yahg STOUK-ah-deh FOH-tenn.

I don't feel so good.
Jag mår inte så bra.
Yahg maur INN-teh s-aw BRA.

Please, don't move.
Snälla, rör dig inte.
SNELL-ah, RUHR dey INN-teh.

Hello, can I place a collect call?
Hallå, kan jag få ringa ett samlingssamtal?
HAHLL-AU, kann yahg faw RING-ah ett sahm-LINGS-sahmm-TAHL?

I'll get a doctor for you.
Jag hämtar en läkare åt dig.
Yahg HEMM-tarr enn LEHK-arr-eh awt dey.

Please hold my passports for a while.
Snälla, håll mina pass ett tag.
SNELL-ah HOLL MEE-nah PAHSS ett tahg.

I lost my wallet.
Jag har tappat min plånbok.
Yahg hahr TAHPP-att minn plonn-BOHK.

I have a medical condition! Check my wallet, please.
Jag har ett sjukdomstillstånd! Kolla i min plånbok, tack.
Yahg hahr ett hwouk-DOHMS-till-STONND! KOLL-ah ee minn plonn-BOHK, tack.

My wife is having a baby, please help!
Min fru ska föda barn, snälla hjälp!
Minn froo skah FUH-dah BARN, SNELL-ah YELLP!

I would like to talk to my lawyer.
Jag skulle vilja tala med min advokat.
Yahg SKOULL-eh VILL-yah TAH-lah meh minn ADD-voh-KAHT.

It's an earthquake!

Det är en jordbävning!

Deh air enn YOHRD-BEHV-ning!

Get under the desk and protect your head.

Kryp in under skrivbordet och skydda ditt huvud.

Kruep inn OUNN-derr skreev-BOURD-ett ock HWUEDD-ah ditt HOOV-oudd.

How can I help you?

Hur kan jag hjälpa dig?

HUUR kann yahg YELL-pah dey?

Everyone, he needs help!

Allihopa, han behöver hjälp!

AHLL-ih-HOH-pah, hann beh-UH-verr YELLP!

Yes, help me get ahold of an ambulance.

Ja, hjälp mig att få tag på en ambulans.

Yah, yellp mey att faw TAHG p-aw enn amm-bouh-LAHNNS.

Thank you, but I am fine. Please don't help me.

Tack, men jag är okej. Snälla, hjälp mig inte.

Tack, menn yahg AIR OCK-EY. SNELL-ah, yellp mey INN-teh.

I need help carrying this injured person.

Jag behöver hjälp att bära den här skadade personen.

Yahg beh-UH-verr YELLP att BEH-rah denn HAIR SKAH-dahdd-eh peh-SHOHN-enn.

TECHNOLOGY

What is the country's official website?
Vilken är landets officiella hemsida?
VIL-ken air LANN-dett off-iss-ih-ELL-ah hemm-SEE-dah?

Do you know the name of a good café with Wi-Fi?
Vet du namnet på något bra kafé med wifi?
Veht DOO nah-mn-ett p-aw N-AW-gott bra kaff-EH meh WI-FI?

Do you have any experience with computers?
Har du någon erfarenhet av datorer?
Hahr doo N-AW-gonn EHR-fahr-enn-HEHT ahv dah-TOHR-err?

How well do you know Apple products?
Hur väl känner du till Apple produkter?
Huur VEHL SHENN-err doo till Apple-proh-DOUCK-terr?

What kind of work have you done with computers?
Vilken typ av arbete har du utfört med datorer?
VILL-kenn TUEP ahv arr-BEH-teh hahr doo oot-FURRT meh dah-TOHR-err?

Are you a programmer?
Är du en programmerare?
Air doo enn proh-gramm-EHR-ah-reh?

Are you a software developer?
Är du en mjukvaruutvecklare?
Air doo en myouk-VAH-rou-oot-VECK-lah-reh

I want to use this computer instead of that one.
Jag vill använda den här datorn istället för den där.
Yahg vill ahnn-VENN-dah denn HAIR DAH-tohrrn ih-STELL-ett furr denn DAIR.

Do you know where I can buy discount computer parts?
Vet du var jag kan köpa rabatterade datordelar?
Veht DOO vahr yahg kann SHUH-pah rah-bahtt-EHR-ah-deh DAH-tohr-DEHL-arr?

I have ten years of experience with Windows.
Jag har tio års erfarenhet av Windows.
Yahg hahr TEE-o aurs EHR-fahr-enn-HEHT ahv WINN-dows.

What is the Wi-Fi password?
Vad är wifi-lösenordet?
Vahd air WI-FI-luh-senn-OURD-ett?

I need to have my login information reset.
Jag måste återställa min inloggningsinformation.
Yahg MOSS-teh AWT-err-STELL-ah minn inn-LOGG-nings-INN-forr-mah-HWOHN.

The hard drive is making a clicking noise.
Hårddisken gör ett klickande ljud.
Haur-DISS-kenn yuhr ett KLICK-ann-deh YOUD.

How do I uninstall this program from my device?
Hur avinstallerar jag det här programmet från min enhet?
Hoor AHV-inn-stah-LEHR-arr yahg de-HAIR proh-GRAMM-ett frawn minn ehn-HEHT?

Can you help me set up a new account with this website?
Kan du hjälpa mig att skapa ett nytt konto på den här hemsidan?
Kann doo YELL-pah mey att SKAH-pah ett NUETT KONN-toh p-aw denn HAIR hemm-SEE-dann?

Why is the internet so slow?
Varför är internet så långsamt?
VAHRR-furr air INN-terr-nett s-aw long-SAHMMT?

Why is every YouTube video that I play buffering?
Varför buffrar varje Youtube video jag spelar upp?
VAHRR-furr BUFF-rarr VAHRR-yeh you-tube-VEED-yoh yahg SPEHL-arr OUPP?

My web camera isn't displaying a picture.
Min webbkamera visar ingen bild.
Minn vebb-KAH-merr-ah VEES-arr ING-enn BILLD.

I have no reception on my phone.
Jag har ingen mottagning på min telefon.
Yahg hahr ING-enn moh-TAHG-ning P-AW minn tell-eh-FAUN.

Where can I get my phone repaired?
Var kan jag få min telefon lagad?
VAHR kann yahg faw minn tell-eh-FAUN LAH-gahd?

My phone shows that it is charging but won't charge.
Min telefon säger att den laddar men den laddas inte.
Minn tell-eh-FAUN SEY-err att denn LAHDD-arr menn denn LAHDD-ahss INN-teh.

I think someone else is controlling my computer.
Jag tror att någon annan kontrollerar min dator.
Yahg trohr att N-AW-gonn AHNN-ahnn konn-troll-EH-rahr minn DAH-tohr.

My computer just showed a blue screen and shut down.
Min dator visade just en blå skärm och stängdes av.
Minn DAH-tohr VEES-ah-deh juhst enn BLAW HWEHRRM ock STENG-dess ahv.

Do you have a battery for this laptop?
Har du ett batteri för den här laptopen?
Hahr DOO ett bahtt-eh-REE furr denn HAIR LAHPP-TOPP-enn.

Where can I get a compatible adapter?
Var kan jag få tag på en kompatibel adapter?
VAHR kann yahg faw TAHG p-aw enn komm-pah-TEE-bell ah-DAHPP-terr?

I can't get online with the information you gave me.
Jag kan inte komma ut på nätet med informationen du gav mig.
Yahg kann INN-teh KOMM-ah OOT p-aw NEH-tett meh INN-forr-mah-HWOHN-enn doo GAHV mey.

This keyboard is not working properly.
Det här tangentbordet fungerar inte ordentligt.
De-HAIR tann-YENNT-BOURD-ett fuhnn-GEH-rahr INN-teh ohr-DENNT-litt.

What is the login information for this computer?
Var är inloggningsinformationen för den här datorn?
VAHR air inn-LOGG-nings-INN-forr-mah-HWOHN-enn furr denn HAIR DAH-tohrrn?

I want you to update my computer.
Jag vill att du uppdaterar min dator.
Yahg vill ATT doo OUPP-dah-TEHR-arr minn DAH-tohr.

Can you build my website?
Kan du bygga min hemsida?
Kann DOO BUEGG-ah minn hemm-SEE-dah?

I prefer Wordpress.
Jag föredrar Wordpress.
Yahg FURR-eh-DRAHR WORD-press.

What are your rates per hour?
Hur mycket tar du betalt per timme?
Huur MUECK-ett tahr doo tahr doo beh-TAHLT pehr TIMM-eh?

Do you have experience handling email servers?
Har du erfarenhet av att hantera e-postservrar?
Hahr doo EHR-fahr-enn-HEHT ahv att hann-TEH-rah eh-POSST-SUHR-vrahrr?

I don't have access to my account, can you help me?
Jag har inte tillgång till mitt konto, kan du hjälpa mig?
Yahg hahr INN-teh till-GONG till mitt KONN-toh, kann doo YELL-pah mey?

None of the emails I am sending are going through.
Inga mail jag skickar kommer fram.
ING-ah meyl yahg HWICK-arr KOMM-err FRAHMM.

The time and date on my computer are wrong.
Tiden och datumet på min dator är fel.
TEE-denn ock DAH-toumm-ETT p-aw minn DAH-tohr air FEHL.

Is this game free?
Är det här spelet gratis?
Air de-HAIR SPEH-lett GRAH-tiss?

Where do I download the client?
Var laddar jag ner klienten?
VAHR LAHDD-arr yahg NEHR klee-ENNT-enn?

I am having troubles chatting online with my family.
Jag har problem med att chatta online med min familj.
Yahg hahr proh-BLEM meh att SHATT-ah online meh minn fah-MILL-iy.

Is this the fastest computer here?
Är det här den snabbaste datorn här?
Air de-HAIR denn SNAHBB-ahss-teh DAH-tohrrn hair?

How much space is on the computer?
Hur mycket utrymme finns det på datorn?
Huur MUECK-ett oot-RUEMM-eh FINNS deh p-aw DAH-tohrrn?

Will my profile be deleted once I log out? Or does it save?
Raderas min profil när jag loggar ut? Eller sparas den?
Rah-DEH-rass minn proh-FEEL nair yahg log-ARR oot? ELL-err SPAHR-ahss denn?

How much do you charge for computer use?
Hur mycket kostar det att använda en dator?
Huur MUECK-ett KOSS-tahrr deh att ahnn-VENN-dah enn DAH-tohr?

Do you offer group discounts?
Erbjuder ni grupprabatt?
Ehr-BYOU-derr nee GROUPP-rah-BAHTT?

Can I use my own headphones with your computer?
Kan jag använda mina egna hörlurar med din dator?
Kann yahg ahnn-VENN-dah MEE-nah EHG-nah HUHR-LOUR-arr meh DINN DAH-tohr?

Is there a data cap?
Finns det någon datagräns?
Finns deh N-AW-gonn DAH-tah-GREHNNS?

I think this computer has a virus.
Jag tror att den här datorn har fått ett virus.
Yahg trohr att denn HAIR DAH-tohrrn hahr FOTT ett VEE-rouss.

The battery for my laptop is running low.
Mitt laptopbatteri är lågt.
Mitt LAHPP-TOPP-bah-terr-EE air L-AWGT.

Where can I plug this in? I need to recharge my device.
Var kan jag koppla in den här? Jag behöver ladda min enhet.
VAHR kann yahg KOPP-lah inn denn HAIR? Yahg beh-UH-verr LAHDD-ah minn ehn-HEHT.

Do you have a mini-USB cord?
Har du en mini USB-kabel?
Hahr doo enn MEE-nih-OU-ESS-BEH-KAH-bell?

Where can I watch the game?
Var kan jag se matchen?
Vahr kann yahg seh MATTSH-enn?

Do you have an iPhone charger?
Har du en iPhone laddare?
Hahr DOO enn i-FONE-LAHDD-ah-reh?

I need a new battery for my watch.
Jag behöver ett nytt batteri till min klocka.
Yahg beh-UH-verr ett NUETT bahtt-err-EE till minn KLOCK-ah.

I need to borrow an HDMI cord.
Jag behöver låna en HDMI kabel.
Yahg beh-UH-verr LAUN-ah enn HAU-DEH-EMM-EE-KAH-bell.

What happens when I exceed the data cap?
Vad händer om jag överskrider datagränsen?
Vahd HENN-derr omm yahg UH-verr-SKREE-derr DAH-tah-GREHNNS-enn?

Can you help me connect my Bluetooth device?
Kan du hjälpa mig att ansluta min Bluetooth enhet?
Kann doo YELL-pah mey att ahnn-SLOO-tah minn BLUE-tooth- ehn-HEHT?

I need a longer Ethernet cable.
Jag behöver en längre Ethernet kabel.
Yahg beh-UH-verr enn LENG-reh EHTH-err-NETT-KAH-bell.

Why is this website restricted?
Varför är den här hemsidan begränsad?
VAHRR-furr air denn HAIR hemm-SEE-dann beh-GREHNNS-ahd?

How can I unblock this website?
Hur avblockerar jag den här hemsidan?
Huur AHV-block-EHR-arr yahg denn HAIR hemm-SEE-dann?

Is that television 4K or higher?
Är den där tv:n i 4K eller högre?
Air denn HAIR TEH-vehn ee FUER-ah KAY ELL-err HUHG-reh?

Do you have the Office suite on this computer?
Har du Office sviten på den här datorn?
Hahr doo OFF-iss-SVEE-tenn p-aw denn HAIR DAH-tohrrn?

This app won't install on my device.
Det går inte att installera den här appen på min enhet.
Deh GAWR INN-teh att inn-stah-LEHR-ah denn HAIR AHPP-enn p-aw minn ehn-HEHT.

Can you change the channel on the TV?
Kan du byta kanal på tv:n?
Kann doo BUET-ah kah-NAHL p-aw TEH-vehn?

I think a fuse blew.
Jag tror att det gick en propp.
Yahg trohr att deh YICK enn PROPP.

The screen is black and won't come on.
Skärmen är svart och går inte att slå på.
HWEHRRM-enn air SVAHRT ock gawr INN-teh att slau P-AW.

I am getting pop-ups on every website.
Jag får upp popup fönster på varje hemsida.
Yahg fawr OUPP popp-upp-FUHNN-stehrr p-aw VAHRR-yeh hemm-SEE-dah.

This computer is much slower than it should be.
Den här datorn är mycket långsammare än vad den borde vara.
Denn-HAIR DAH-tohrrn air MUECK-ett LONG-SAHMM-a-reh enn vahd denn BOUR-deh VAH-rah.

I need to reactivate Windows.
Jag behöver återaktivera Windows.
Yahg beh-UH-verr AWT-err-ACK-tih-VEH-rah WINN-dows.

Why is this website blocked on my laptop?
Varför är den här hemsidan blockerad på min laptop?
VAHRR-furr air denn HAIR hemm-SEE-dann block-EHR-add p-aw minn LAHPP-TOPP?

Can you show me how to download videos to my computer?
Kan du visa mig hur man laddar ner videor på min dator?
Kann doo VEE-sah mey huur mann LAHDD-arr NEHR VEED-eh-yohr p-aw MINN DAH-tohr?

Can I insert a flash drive into this computer?
Kan jag ansluta ett USB minne till den här datorn?

Kann yahg ahnn-SLOO-tah ett OU-ESS-BEH-MINN-eh till denn HAIR DAH-tohrrn?

I want to change computer.

Jag vill byta dator.

Yahg vill BUE-tah DAH-tohr.

Is Chrome the only browser I can use with this computer?

Är Chrome den enda webbläsaren jag kan använda på den här datorn?

Air KROME denn ENN-dah vebb-LEH-sah-renn yahg kann ahnn-VENN-dah p-aw denn HAIR DAH-tohrrn?

Do you track my usage on any of these devices?

Spårar du min aktivitet på någon av de här enheterna?

SPAUR-arr doo minn ACK-tivv-ih-TEHT p-aw N-AW-gonn ahv domm-HAIR ehn-HEHT-err-nah?

CONVERSATION TIPS

Pardon me.
Ursäkta mig.
Oo-SHECK-tah mey.

Speak slower, please.
Tala långsammare, tack.
TAH-lah LONG-SAHMM-a-reh, tack.

I don't understand.
Jag förstår inte.
Yahg fuhsh-TAWR INN-teh.

Can you say that more clearly?
Kan du säga det där tydligare?
Kann doo SEY-ah deh-DAIR tued-LIGG-ah-reh?

I don't speak Spanish very well.
Jag pratar inte spanska särskilt bra.
Yahg PRAH-tarr INN-teh SPAHNN-skah SEHR-hwillt bra.

Can you please translate that to English for me?
Kan du snälla översätta det där till engelska åt mig?
Kann doo SNELL-ah UH-verr—SEHTT-ah deh-DAIR frawn ENG-ell-skah awt MEY?

Let's talk over there where it is quieter.
Låt oss prata där borta, där det är tystare.
L-awt oss PRAH-tah DAIR BOHRT-ah, dair deh air TUESS-tah-reh.

Sit down over there.
Sätt dig där borta.
Sett dey DAIR BOHRT-ah.

May I?
Får jag?
Fawr YAHG?

I am from America.
Jag är från Amerika.
Yahg air frawn ah-MEHR-ick-ah.

Am I talking too much?
Pratar jag för mycket?
PRAH-tarr yahg furr MUECK-ett?

I speak your language badly.
Jag talar ditt språk illa.
Yahg TAHL-arr ditt SPRAWK ILL-ah.

Am I saying that word correctly?
Uttalar jag det där ordet korrekt?
Oot-TAHL-arr yahg deh-DAIR OURD-ett koh-RECKT?

You speak English very well.
Du pratar väldigt bra engelska.
Doo PRAH-tarr VELL-ditt bra ENG-ell-skah.

This is my first time in your lovely country.
Det här är första gången jag är i ditt underbara land.
De-HAIR air FUHSH-tah GONG-enn yahg AIR ee ditt OUNN-derr-BAH-rah LANND.

Write that information down on this piece of paper.
Skriv ner den där informationen på det här pappret.
Skreev NEHR denn DAIR INN-forr-mah-HWOHN-enn p-aw de-HAIR PAPP-rett.

Do you understand?
Förstår du?
Fuhsh-TAWR doo?

How do you pronounce that word?
Hur uttalar man det där ordet?
Huur oot-TAHL-arr mann deh-DAIR OURD-ett?

Do you spell this word like this?
Stavar man det här ordet så här?
STAH-varr mann de-HAIR OURD-ett sau-HEHR?

Can you give me an example?
Kan du ge mig ett exempel?
Kann doo YEH mey ett eck-SEMM-pell?

Wait a moment, please.
Vänta ett ögonblick, tack.
VENN-tah ett UH-gonn-BLICK, tack.

If you want anything, tell me.
Om du vill något, säg till mig.
Omm doo VILL N-AW-gott, sey TILL mey.

I don't want to bother you anymore, so I will go.
Jag vill inte störa dig längre, så jag går nu.
Yahg vill INN-teh STUH-rah dey LENG-reh, s-aw yahg GAWR nou.

Take care of yourself.
Var rädd om dig.
Vah raid omm dey.

Let us know when you arrive.
Hör av dig när du kommer fram.
Huhr AHV dey nair doo KOMM-err FRAHMM.

DATE NIGHT

What is your telephone number?
Vad är ditt telefonnummer?
Vahd air ditt tell-eh-FAUN-NOUMM-err?

I'll call you about the next date.
Jag ringer dig om nästa dejt.
Yahg RING-err dey omm NESS-tah deyt.

I had a good time, I look forward to seeing you again.
Jag hade trevligt, jag ser fram emot att träffa dig igen.
Yahg HAH-deh TREH-vlitt, yahg sehr FRAHMM eh-MOHT att TREFF-ah dey ih-YEN.

I'll pay for dinner tonight.
Jag betalar för middagen ikväll.
Yahg beh-TAH-lahrr furr MIDD-ah-genn ih-KVELL.

Dinner at my place?
Middag hemma hos mig?
MIDD-ahg HEMM-ah hohs mey?

I don't think we should see each other anymore.
Jag tror inte att vi borde träffas mer.
Yahg trohrr INN-teh att VEE BOUR-deh TREFF-ahss mehr.

I'm afraid this will be the last time we see each other.
Tyvärr kommer det här att bli sista gången vi ses.
Tue-VEHRR KOMM-err de-HAIR att blee SISS-tah GONG-enn vee SEHS.

You look fantastic.
Du ser fantastisk ut.
Doo sehr fahnn-TASS-tissk oot.

Would you like to dance with me?
Skulle du vilja dansa med mig?
SKOULL-eh DOO VILL-yah DAHNN-sah meh mey?

Are there any 3D cinemas in this city?
Finns det några 3D-biografer i den här staden?
FINNS deh N-AW-grah TREH-DEH-BEE-oh-GRAHF-err ee denn HAIR STAHN?

We should walk along the beach.
Vi borde gå längs stranden.
Vee BOUR-deh gaw lehngs STRAHNN-denn.

I hope you like my car.
Jag hoppas att du gillar min bil.
Yahg HOPP-ahss att doo YILL-arr minn BEEL.

What movies are playing today?
Vilka filmer går idag?
VILL-kah FILL-merr gawr ih-DAHG?

I've seen this film, but I wouldn't mind watching it again.
Jag har sett den här filmen, men jag skulle inte ha något emot att se den igen.
Yahg hahr SETT denn HAIR FILL-menn, menn yahg SKOULL-eh INN-teh hah N-AW-gott eh-MOHT att SEH denn ih-YEN.

Can you dance salsa?
Kan du dansa salsa?
Kann doo DAHNN-sah SAHLL-sah?

We can dance all night.
Vi kan dansa hela natten.
Vee kann DAHNN-sah HEH-lah NAHTT-enn.

I have some friends that will be joining us tonight.
Jag har några vänner som kommer göra oss sällskap ikväll.
Yahg hahr N-AW-grah VEHNN-err somm KOMM-err YUH-rah oss SELL-skahp ih-KVELL.

Is this a musical or a regular concert?
Är det här en musikal eller en vanlig konsert?
Air de-HAIR enn MOUSS-ih-KAHL ELL-err enn VAHN-ligg konn-SEHR?

Did you get VIP tickets?
Köpte du VIP-biljetter?
SH-UHPP-teh doo VIPP-bill-YETT-err?

I'm going to have to cancel on you tonight. Maybe another time?
Jag måste tyvärr ställa in ikväll. Kanske en annan gång?
Yahg MOSS-teh tue-VEHRR STELL-ah INN ih-KVELL. KANN-hweh enn AHNN-ahnn gong?

We can go to your place, if you want.
Vi kan gå hem till dig, om du vill.
Vee kann gaw HEMM till DEY, omm doo vill.

I'll pick you up tonight.
Jag hämtar dig ikväll.
Yahg HEMM-tarr dey ih-KVELL.

This one is for you!
Den här är till dig!
Denn HAIR air till DEY!

What time does the party start?
Hur dags börjar festen?
Huur DAHCKS BUHRR-yarr FESS-tenn?

Will it end on time or will you have to leave early?
Slutar det i tid, eller måste du gå tidigt?
SLOO-tarr deh ee TEED, ELL-err MOSS-teh doo gaw TEED-itt?

Did you like your gift?
Gillade du din present?
YILL-ah-deh doo dinn preh-SENNT?

I want to invite you to watch a movie with me tonight.
Jag vill bjuda in dig till att se en film med mig ikväll.
Yahg vill BYOU-dah INN dey till att SEH enn FILLM meh mey ih-KVELL.

Do you want anything to drink?
Vill du ha något att dricka?
Vill doo HAH N-AW-gott att DRICK-ah?

I am twenty-six years old.
Jag är tjugosex år gammal.
Yahg air SHOU-goh-SEX aur GAHMM-ahll.

You're invited to a small party I'm having at my house.
Du är inbjuden till en liten fest jag ska ha hemma hos mig.
Doo air inn-BYOU-denn till enn LEE-tenn FESST yahg skah HAH HEMM-ah hohs mey.

I love you.
Jag älskar dig.
Yahg EHLL-skahrr dey.

We should go to the arcade.
Vi borde gå till spelhallen.
VEE BOUR-deh gaw till spehl-HAHLL-enn.

Have you played this game before?
Har du spelat det här spelet förut?
Hahr doo SPEHL-att de-HAIR SPEHL-ett FURR-ou-t?

It would be really romantic to go on this ferry.
Det skulle vara riktigt romantiskt att åka den här färjan.
Deh SKOULL-eh VAH-rah RICK-titt roh-MANN-tisst att AU-kah denn HAIR FERR-yann.

How about a candlelight dinner?
Vad sägs om en middag med levande ljus?
Vahd SEY-SS omm enn MIDD-ahg meh LEHV-ahnn-deh YOUSS?

Let's dance and sing!
Låt oss dansa och sjunga!
L-awt oss DAHNN-sah ock HWOUNG-ah!

Will you marry me?
Vill du gifta dig med mig?
Vill DOO YIFF-tah dey meh mey?

Set the table, please.
Duka bordet, tack.
DOO-kah BOURD-ett, tack.

Here are the dishes and the glasses.
Här är tallrikarna och glasen.
HAIR air tahll-RICK-arr-nah ock GLAH-senn.

Where is the cutlery?
Var är besticken?
VAHR air beh-STICK-enn?

May I hold your hand?
Får jag hålla dig i handen?
Fawr YAHG HOLL-ah dey ee HANN-denn?

Let me.
Tillåt mig.
Till-AUT mey .

I think our song is playing!
Jag tror att de spelar vår låt!
Yahg trohr att deh SPEH-larr vaur LAWT!

Let's make a wish together.
Låt oss önska något tillsammans.
L-awt oss UHNN-skah N-AW-gott till-SAHMM-ahnns.

Is there anything that you want from me?
Vill du ha något av mig?
Vill doo HAH N-AW-gott ahv mey?

There is nowhere I would rather be than right here with you.
Det finns ingen plats jag hellre skulle vilja vara på än just här med dig.
Deh finns ING-enn PLAHTTS yahg HELL-reh SKOULL-eh VILL-yah VAH-rah p-aw enn yusst HAIR meh dey.

I'll give you a ride home.
Jag skjutsar hem dig.
Yahg HWOUSS-arr HEMM dey.

Can I hold your purse?
Kan jag hålla din handväska?
Kann yahg HOLL-ah dinn hand-VEHSS-kah?

Let's pray before we eat our meal.
Låt oss be innan vi äter.
L-awt oss BEH inn-AHNN vee EH-terr.

Do you need a napkin?
Behöver du en servett?
Beh-UH-verr doo enn serr-VETT?

I'm thirsty.
Jag är törstig.
Yahg air TUHSH-tigg.

I hope you enjoy your meal.
Hoppas det smakar.
HOPP-ahss deh SMAH-kahrr.

I need to add more salt to the salt shaker.
Jag behöver fylla på salt i saltkaret.
Yahg beh-UH-verr FUELL-ah p-aw SALLT ee salt-KAH-rett.

We should get married!
Vi borde gifta oss!
Vee BOUR-deh YIFF-tah ohs !

How old are you?
Hur gammal är du?
Huur GAHMM-ahll air doo?

Will you dream of me?
Kommer du drömma om mig?
KOMM-err doo DRUHMM-ah omm mey?

Thank you very much for the wonderful date last night.
Tack så jättemycket för den underbara dejten igår kväll.
TACK s-aw YETT-eh-MUECK-ett furr denn OUNN-derr-BAH-rah DEY-tenn ih-GAWR kvell.

Do you want to come to a party this weekend?
Vill du komma på en fest i helgen?
Vill doo KOMM-ah p-aw enn FESST ee HELLIY-en?

Saturday night, right?
Lördag kväll, eller hur?
LUHR-dahg KVELL, ELL-err huur?

I will be lonely without you.
Jag kommer vara ensam utan dig.
Yahg KOMM-err VAH-rah ENN-SAHM OU-tahnn dey.

Please stay the night?
Stanna kvar över natten, snälla?
STANN-ah KVAHR UH-verr NAHTT-enn, SNELL-ah?

I like your fragrance.
Jag gillar din parfym.
Yahg YILL-arr dinn parr-FUEM.

That is a beautiful outfit you're wearing.
Vilken vacker outfit du har på dig.
VILL-kenn VACK-err outfit doo hahr P-AW dey.

108

You are so beautiful.
Du är så vacker.
Doo air s-aw VACK-err.

Let me help you out of the car.
Låt mig hjälpa dig ur bilen.
LAWT mey YELL-pah dey oor BEEL-enn.

Sarah, do you want to have dinner with me?
Sarah, vill du äta middag med mig?
SAH-rah, vill DOO EH-tah MIDD-ahg meh mey?

I would like to ask you out on a date.
Jag skulle vilja bjuda ut dig på en dejt.
Yahg SKOULL-eh VILL-yah BYOU-dah OOT dey P-AW enn DEYT.

Are you free tonight?
Är du ledig ikväll?
Air doo LEH-digg ih-KVELL?

This is my phone number. Call me anytime.
Det här är mitt telefonnummer. Ring mig när som helst.
Deh hair air MITT tell-eh-FAUN-NOUMM-err. RING mey NAIR somm hellst.

May I hug you?
Får jag krama dig?
Fawr YAHG KRAH-mah dey?

Would you like to sing karaoke?
Skulle du vilja sjunga karaoke?
SKOULL-eh DOO VILL-yah HWOUNG-ah KAHRR-ah-AU-keh?

What kind of song would you like to sing?
Vilken typ av låt skulle du vilja sjunga?
VILL-kenn tuep ahv LAWT SKOULL-eh DOO VILL-yah HWOUNG-ah?

Have you ever sung this song before?
Har du någonsin sjungit den här låten förut?
Hahr doo N-AW-gonn-SINN HWOUNG-itt denn HAIR LAWT-enn FURR-out?

We can sing it together.
Vi kan sjunga den tillsammans.
Vee kann HWOUNG-ah denn till-SAHMM-ahnns.

May I kiss you?
Får jag kyssa dig?
Fawr YAHG SHUESS-ah dey?

Are you cold?
Fryser du?
FRUES-err doo?

We can stay out as late as you want.
Vi kan stanna ute så länge du vill.
Vee kann STAHNN-ah OOT-eh soh LENG-eh doo VILL.

Please, dinner is on me.
Snälla, jag står för middagen.
SNELL-ah, YAHG stawr furr MIDD-ah-genn.

Shall we split the bill?
Ska vi dela på notan?
Skah vee DEH-lah p-aw NOH-tahnn?

We should spend more time together.
Vi borde spendera mer tid ihop.
VEE BOUR-deh spenn-DEH-rah mehr teed ih-HOHP.

We should walk through the town tonight.
Vi borde gå genom staden ikväll.
Vee BOUR-deh GAW yeh-nomm STAHN ih-KVELL.

Did you enjoy everything?
Tyckte du om allt?
TUECK-teh doo OMM ahllt?

MONEY AND SHOPPING

May I try this on?
Får jag prova den här?
Fawr YAHG PROO-vah denn HAIR?

How much does this cost?
Hur mycket kostar den här?
Huur MUECK-ett KOSS-tarr denn HAIR?

Do I sign here or here?
Ska jag signera här eller här?
Skah yahg sinn-YEH-rah HAIR ELL-err HAIR?

Is that your final price?
Är det ditt lägsta pris?
Air DEH ditt LEHG-stah prees?

Where do I find toiletries?
Var hittar jag hygienartiklar?
VAHR HITT-arr yahg HUE-gih-YEHN-ahr-TICK-larr?

Would you be willing to take five kronor for this?
Skulle du vara villig att ta fem kronor för den här?
SKOULL-eh DOO VAH-rah VILL-igg att TAH femm kroh-NOHR furr denn hair?

I can't afford it at that price.
Jag har inte råd med det till det där priset.
Yahg hahr INN-teh RAWD meh deh till DEH-dair PREES-ett.

I can find this cheaper somewhere else.
Jag kan hitta det här billigare någon annanstans.
Yahg kann HITT-ah de-HAIR BILL-ih-gah-reh N-AW-gonn AHNN-ahnn-stahnns.

Is there a way we can haggle on price?
Kan vi pruta på något sätt?
KANN vee PROOT-ah p-aw N-AW-gott SETT?

How many of these have sold today?
Hur många av de här har sålts idag?
Huur MONG-ah ahv domm-HAIR hahr doo SOLLTS ih-DAHG?

Can you wrap it up as a gift?
Kan du slå in det som en present?
Kann doo SLAU INN deh somm enn preh-SENNT?

Do you provide personalized letters?
Erbjuder ni personliga brev?
Ehr-BYOU-derr nee per-SOHN-leega brehv?

I would like this to be delivered to my hotel.
Jag skulle vilja ha det här levererat till mitt hotell.
Yahg SKOULL-eh VILL-yah hah de-HAIR leh-veh-REH-ratt till mitt hoh-TELL.

Can you help me, please?
Kan du hjälpa mig, tack?
Kann DOO YELL-pah mey, tack?

We should go shopping at the market.
Vi borde gå och shoppa på marknaden.
Vee BOUR-deh gaw ock HWOPP-ah p-aw MAHRR-knah-denn.

Are you keeping track of the clothes that fit me?
Håller du koll på vilka kläder som passar mig?
HOLL-err doo KOLL p-aw VILL-kah KLEH-derr somm PAHSS-arr mey?

Can I have one in a bigger size?
Kan jag få en i en större storlek?
Kann yahg FAW enn ee enn STUHRR-eh STOUR-lehk?

How many bathrooms does this apartment have?
Hur många badrum har den här lägenheten?
Huur maunga BAHD-rumm hahr denn HAIR LEH-genn-HEH-tenn?

Where's the kitchen?
Var är köket?
VAHR air SHUH-kett?

Does this apartment have a gas or electric stove?
Har den här lägenheten gas- eller elspis?
Hahr denn HAIR LEH-genn-HEH-tenn GAHS-ELL-err-EL-SPEES?

Is there a spacious backyard?
Finns det en rymlig bakgård?
Finns deh enn RUEMM-ligg bahk-GAURD?

How much is the down payment?
Hur mycket är handpenningen?
Huur MUECK-ett air hand-PENN-ing-enn?

I'm looking for a furnished apartment.
Jag letar efter en möblerad lägenhet.
YAHG LEH-tarr EFF-terr enn muh-BLEHR-add LEH-genn-HEHT.

I need to rent a two-bedroom apartment.
Jag behöver hyra en tvårumslägenhet.
Yahg beh-UH-verr HUER-ah enn tvoh-RUMMS-leh-genn-HEHT.

I'm looking for an apartment with heating and water included.
Jag letar efter en lägenhet där värme och vatten ingår.
Yahg LEH-tarr EFF-terr enn LEH-genn-HEHT dair VERR-meh ock VAHTT-enn inn-GAWR.

The carpet in this apartment needs to be removed.
Mattan i den här lägenheten måste tas bort.
MAHTT-ann ee denn HAIR LEH-genn-HEH-tenn MOSS-teh BOHRT.

You have to come down on the price of this apartment.
Du måste sänka priset på den här lägenheten.
Doo MOSS-teh SENN-kah PREES-ett p-aw denn HAIR LEH-genn-HEH-tenn.

Will I be sharing this place with other people?
Kommer jag dela det här stället med andra?
KOMM-err yahg DEH-lah de-HAIR STELL-ett meh AHNN-drah?

How does the fireplace work?
Hur fungerar eldstaden?
Hoor fuhnn-GEH-rahr elld-STAH-denn?

Are there any curfew rules attached to this apartment?
Finns det några regler om utegångsförbud för den här lägenheten?
FINNS deh N-AW-grah REHG-lerr omm oot-eh-GONGS-furr-BOUD furr denn hair LEH-genn-HEH-tenn?

How long is the lease for this place?
Hur länge gäller hyresavtalet för det här stället?
Hoor LENG-eh YELL-er HUER-ess-ahv-TAH-lett furr de-HAIR STELL-ett?

Do you gamble?
Spelar du?
SPEHL-arr doo?

We should go to a casino.
Vi borde gå till ett kasino.
Vee BOUR-deh g-aw till ett kah-SEE-noh.

There is really good horse racing in this area.
Det finns mycket bra hästkapplöpning i det här området.
Deh finns MUECK-ett bra HESST-kahpp-LUHP-ning ee de-HAIR omm-RAWD-ett.

Do you have your ID so that we can go gambling?
Har du din legitimation så att vi kan gå och spela?
Hahr doo din LEGG-ih-timm-ah-HWOHN s-aw att vee kann g-aw ock SPEH-lah?

Who did you bet on?
Vem satsade du på?
Vemm SAHTT-sah-deh doo p-aw?

I am calling regarding the apartment that you published an ad about.
Jag ringer angående lägenheten du lade ut en annons om.
Yahg RING-err ahnn-GAW-enn-deh LEH-genn-HEH-tenn doo lah oot enn ah-NONNS omm.

How much did you bet?
Hur mycket satsade du?
Huur MUECK-ett SAHTT-sah-deh doo?

We should go running with the bulls!
Vi borde gå på tjurrusning!
Vee BOUR-deh gaw p-aw shour-ROUS-ning!

Is Adele coming to sing here tonight?
Kommer Adele att sjunga här ikväll?
KOMM-err Ah-DELL att HWUNG-ah hair ih-KVELL?

How much is the item you have in the window?
Hur mycket kostar föremålet du har i fönstret?
Huur MUECK-ett KOSS-tarr furr-eh-MAUL-ett duu hahr ee FUHNN-strett?

Do you have payment plans?
Har du avbetalningsplaner?
HAHR doo AHV-beh-TAHL-nings-PLAHN-err?

Do these two items come together?
Kommer de här två föremålen tillsammans?
KOMM-err domm-HAIR tvoh furr-eh-MAUL-enn till-SAHMM-ahnns?

Are these parts cheaply manufactured?
Är de här delarna billigt tillverkade?
Air domm-HAIR DEH-larr-nah BILL-itt till-VEHR-kah-deh?

This is a huge bargain!
Det här är ett kap!
De-HAIR air ett KAHP!

I like this. How does three hundred kronor sound?
Jag gillar det här. Vad sägs om trehundra kronor?
Yahg YILL-arr de-HAIR. Vahd SEY-SS omm TREH-HUND-rah kroh-NOHR?

Two hundred is all I can offer. That is my final price.
Tvåhundra är allt jag kan erbjuda. Det är mitt sista bud.
TVOH-HUND-rah air AHLLT yahg kann ehr-BYOU-dah. DEH air mitt SISS-tah boud.

Do you have cheaper versions of this item?
Har du några billigare varianter av det här föremålet?
HAHR doo N-AW-grah BILL-igg-ah-reh vah-rih-AHNN-terr ahv de-HAIR furr-eh-MAUL-ett?

Do you have the same thing with a different pattern?
Har du samma sak men med ett annat mönster?
Hahr doo SAMM-ah sahk menn meh ett AHNN-att MUHNN-sterr?

How much is this worth?
Hur mycket är det här värt?
Huur MUECK-ett air de-HAIR VEHRT?

Can you pack this up and send it to my registered address?
Kan du slå in det här och skicka det till min registrerade adress?
Kann doo slau INN de-HAIR ock HWICK-ah deh till minn reh-gih-STREH-rah-deh ah-DRESS?

Does it fit?
Passar det?
PAHSS-arr deh?

They are too big for me.
De är för stora för mig.
Domm air furr STOH-rah furr mey.

Please find me another one but in the same size.
Var snäll och hitta en annan åt mig, men i samma storlek.
Vahr SNELL och HITT-ah enn AHNN-ahnn awt mey, menn ee SAMM-ah STOUR-lehk.

It fits, but is tight around my waist.
Den passar, men den sitter åt runt midjan.
Denn PAHSS-arr, menn den SITT-err AWT RUNNT MEED-yahnn.

Can I have a smaller size?
Kan jag få en mindre storlek?
Kan yahg faw enn MINN-dreh STOUR-lehk?

Size twenty, American.
Tjugo, amerikansk storlek.
SHOU-goh, amm-rih-KAHN-sk STOUR-lehk.

Do you sell appliances for the home?
Säljer du hushållsapparater till hemmet?
SELL-yerr doo HOUSS-holls-APP-a-RAHT-err till HEMM-ett?

Not now, thank you.
Inte nu, tack.
INN-teh nou, tack.

I'm looking for something special.
Jag letar efter något speciellt.
Yahg LEH-tarr EFF-terr N-AW-gott spess-ih-ELLT.

I'll call you when I need you.
Jag säger till när jag behöver dig.
Yahg SEY-err till nair yahg beh-UH-verr dey.

Do you have this in my size?
Har du det här i min storlek?
Hahr doo de-HAIR ee MINN STOUR-lehk?

On which floor can I find cologne?
På vilken våning hittar jag parfym?
P-aw VILL-kenn VAU-ning HITT-arr yahg pahrr-FUEM?

Where is the entrance?
Var är ingången?
Vahr air INN-GONG-enn?

Do I exit from that door?
Går jag ut den vägen?
Gawr yahg oot DENN VEHG-enn?

Where is the elevator?
Var är hissen?
VAHR air HISS-enn?

Do I push or pull to get this door open?
Ska jag trycka eller dra för att öppna den här dörren?
Skah yahg TRUECK-ah ELL-err DRAH furr att UHPP-nah denn HAIR DURR-enn?

I already have one of those, thanks.
Jag har redan en sådan, tack.
Yahg HAHR REH-dann enn SAUNN, tack.

Where can I try this on?
Var kan jag prova det här?
VAHR kann yahg PROO-vah deh-HAIR?

This mattress is very soft.
Den här madrassen är väldigt mjuk.
Denn HAIR mah-DRAHSS-enn air VELL-ditt MYOUK.

What is a good place for finding birthday gifts?
Var är ett bra ställe för att hitta födelsedagspresenter?
Vahr air ett BRA STELL-eh furr att HITT-ah FUH-dell-seh-DAHGS-preh-SENN-terr?

I'm just looking, but thank you.
Jag tittar bara, men tack.
Yahg TITT-arr BAH-rah, menn tack.

Do you accept returns?
Tar ni emot returer?
Tahr nee eh-MOHT reh-TOU-rerr?

Here is my card and receipt for the return.
Här är mitt kort och kvitto för returen.
Hair air mitt KOHRT ock KVIHTT-oh furr reh-TOU-renn.

Where are the ladies' clothes?
Var är damkläderna?
VAHR air dahm-KLEH-derr-nah?

What sizes are available for this item?
Vilka storlekar har du av den här artikeln?
VILL-kah stour-LEHK-arr hahr doo ahv denn HAIR ahr-TICK-elln?

Is there an ATM machine nearby?
Finns det en bankomat i närheten?
Finns deh enn BANN-koh-MAHT ee nehr-HEHT-enn?

What forms of payment do you accept?
Vilka betalmetoder accepterar ni?
VILL-kah beh-TAHL-meh-toder ack-sepp-TEHR-arr nee?

That doesn't interest me.
Det där intresserar mig inte.
Deh-DAIR inn-trehss-EHR-arr mey INN-teh.

I don't like it, but thank you.
Jag gillar det inte, men tack.
Yahg YILL-arr deh INN-teh, menn tack.

Do you take American dollars?
Tar ni amerikanska dollar?
TAHR nee amm-rih-KAHN-skah DOLL-arr?

Can you make an exchange for me?
Kan du växla något åt mig?
Kann DOO VECKS-lah N-AW-gott awt MEY?

Are travelers checks able to be cashed in here?
Kan man lösa in resecheckar här?
Kann mann LUH-sah inn REH-seh-SHECK-arr hair?

What is the current exchange rate?
Vad är växelkursen just nu?
Vahd air VECKS-ell-KUSH-enn yusst nou?

Where is the closest place to exchange money?
Var är det närmaste stället där man kan växla pengar?
VAHR air deh NEHRR-mass-teh STELL-ett dair mann kann VECKS-lah PENG-arr?

Do you need to borrow money? How much?
Behöver du låna pengar? Hur mycket?
Beh-UH-verr doo LAUN-ah PENG-arr? Huur MUECK-ett?

Can this bank exchange my money?
Kan den här banken växla mina pengar?
Kann denn-HAIR BANN-kenn VECKS-lah mee-nah PENG-ARR?

What is the exchange rate for the American dollar?
Vad är växelkursen för amerikanska dollar?
Vahd air VECKS-ell-KUSH-enn furr amm-rih-KAHN-skah DOLL-arr?

Will you please exchange fifty dollars for me?
Kan du snälla växla femtio dollar åt mig?
Kann DOO SNELL-ah VECKS-lah FEM-ti-o DOLL-arr awt MEY?

I would like a receipt with that.
Jag skulle vilja ha ett kvitto på det där.
Yahg SKOULL-eh VILL-yah hah ett KVITT-oh p-aw deh-DAIR.

Your exchange fee is too high.
Er växlingsavgift är för hög.
Ehr VECKS-lings-ahv-YIFFT air furr HUHG.

Does this bank have a lower exchange fee?
Har den här banken en lägre växlingsavgift?
Hahr denn HAIR BANN-kenn enn en LEH-greh VECKS-lings-ahv-YIFFT?

Do you take cash?
Tar ni kontanter?
Tahr nee konn-TAHNN-terr?

Where can I exchange dollars?
Var kan jag växla dollar?
VAHR kann yahg VECKS-lah DOLL-arr?

I want to exchange dollars for yen.
Jag vill växla dollar till yen.
Yahg vill VECKS-lah DOLL-arr till yenn.

Do you take credit cards?
Tar ni kreditkort?
Tahr nee kreh-DEET-kohrt?

Here is my credit card.
Här är mitt kreditkort.
Hair air mitt kreh-DEET-kohrt.

One moment, let me check the receipt.
Ett ögonblick, låt mig kolla kvittot.
Ett UH-gonn-BLICK, l-awt mey KOLL-ah KVITT-ott.

Do I need to pay tax?
Behöver jag betala moms?
Beh-UH-verr yahg beh-TAH-lah mohms?

How much is this item, including tax?
Hur mycket kostar det här föremålet, inklusive moms?
Huur MUECK-ett KOSS-tarr de-HAIR furr-eh-MAUL-ett, INN-klouss-EEV-eh mohms?

Where is the checkout?
Var är kassan?
VAHR air KAHSS-ann?

Excuse me, I'm looking for a dress.
Ursäkta mig, jag letar efter en klänning.
Oo-SHECK-tah mey, yahg LEH-tarr EFF-terr enn KLENN-ing.

That's a lot for a dress.
Det var dyrt för en klänning.
Deh vahr DUERT furr enn KLENN-ing.

Sorry, I don't want it.
Tyvärr, jag vill inte ha den.
Tue-VEHRR, yahg VILL INN-teh hah denn.

Okay, I will take it.
Okej, jag tar den.
Ock-ey, yahg TAHR denn.

I'm not interested if you are going to sell it at that price.
Jag är inte intresserad om du tänker sälja den för det priset.
Yahg air INN-teh inn-trehss-EHR-add omm doo TENN-kerr SELL-yah denn furr DEH PREES-ett.

You are ripping me off at the current price.
Du blåser mig med det nuvarande priset.
Doo BLAUS-err mey meh deh NOU-VAHR-ann-deh PREES-ett.

No thanks. I'll only take it if you lower the price by half.
Nej, tack. Jag tar den bara om du sänker priset till hälften.
Ney, tack. Yahg tahr denn BAH-rah omm doo SENN-kerr PREES-ett till HELLF-tenn.

That is a good price, I'll take it.
Det är ett bra pris, jag tar det.
DEH air ett BRA prees, yahg TAHR deh.

Do you sell souvenirs for tourists?
Säljer ni souvenirer för turister?
SELL-yerr nee soh-venn-EER-err furr tou-RISS-terr?

Can I have a bag for that?
Kan jag få en kasse till det där?
Kann yahg faw enn KAH-seh till deh-DAIR?

Is this the best bookstore in the city?
Är det här den bästa bokhandeln i staden?
Air de-hair denn BESS-tah bohk--HAN-deln ee STAHN?

I would like to go to a game shop to buy comic books.
Jag skulle vilja gå till en spelaffär och köpa serietidningar.
Yahg SKOULL-eh VILL-yah gaw till enn SPEHL-aff-AIR ock SHUH-pah SEHR-i-yeh-TEED-ning-arr.

Are you able to ship my product overseas?
Kan du frakta min produkt utrikes?
Kann DOO FRAHCK-tah minn proh-DOUCKT OOT-ree-kehs?

CHILDREN AND PETS

Which classroom does my child attend?
I vilket klassrum går mitt barn?
EE VILL-kett klass-RUMM gawr mitt barn?

Is the report due before the weekend?
Måste rapporten lämnas in innan helgen?
MOSS-teh rah-PORT-enn LEMM-nass inn inn-AHNN HELLIY-enn?

I'm waiting for my mom to pick me up.
Jag väntar på att min mamma ska hämta mig.
Yahg VENN-tarr p-aw att minn MAHMM-ah skah HEMM-tah mey.

What time does the school bus run?
Hur dags går skolbussen?
Huur DAHCKS gawr skool-BOUSS-enn?

I need to see the principal.
Jag behöver träffa rektorn.
Yahg beh-UH-verr TREFF-ah RECK-TOHRN.

I would like to report bullying.
Jag skulle vilja anmäla mobbning.
Yahg SKOULL-eh VILL-yah ahnn-MEH-lah MOBB-ning.

What are the leash rules in this area?
Vilka regler gäller för koppel i det här området?
VILL-kah REHG-lerr YELL-err furr KOPP-ell ee de-HAIR omm-RAWD-ett?

Please keep your dog away from me.
Snälla, håll din hund borta från mig.
SNELL-ah, HOLL dinn hund BOHRT-ah frawn mey.

My dog doesn't bite.
Min hund biter inte.
Minn hund BEE-terr INN-teh.

I am allergic to cat hair.
Jag är allergisk mot katthår.
Yahg air ahll-ERR-gissk moht KAHTT-haur.

Don't leave the door open or the cat will run out!
Lämna inte dörren öppen, då springer katten ut!
LEMM-nah INN-teh DURR-enn UH-penn, daw SPRING-err KAH-tenn oot!

Have you fed the dogs yet?
Har du matat hundarna ännu?
Hahr doo MAHT-att HUND-arr-nah ENN-nou?

We need to take the dog to the veterinarian.
Vi behöver ta hunden till veterinären.
Vee beh-UH-verr tah HUND-enn till VETT-rih-NEHR-enn.

Are there any open spots on the team?
Finns det några lediga platser i laget?
FINNS deh N-AW-grah LEH-dih-gah PLAHTT-serr ee LAH-gett?

My dog is depressed.
Min hund är deprimerad.
Minn hund air depp-rih-MEHR-add.

Don't feed the dog table scraps.
Ge inte hunden matrester.
Yeh INN-teh HUND-enn maht-RESS-terr.

Don't let the cat be on the furniture.
Låt inte katten vara på möblerna.
L-awt INN-teh KAHTT-enn VAH-rah p-aw MUH-blerr-nah.

The dog is not allowed to sleep in the bed with you.
Hunden får inte sova i sängen med dig.
HUNN-denn fawr INN-teh SAW-vah ee SEHNG-enn meh dey.

There is dog poop on the floor. Clean it up.
Det är hundbajs på golvet. Städa upp det.
Deh air hund-BAYS p-aw GOLL-vett. STEH-dah OUPP deh.

When was the last time you took the dog for a walk?
När gick du ut med hunden senast?
Nair yeeck DOO oot medh HUND-enn SEHN-ahsst?

Are you an international student? How long will you be here?
Är du en internationell student? Hur länge ska du vara här?
Air doo enn INN-terr-naht-hwoh-NELL stou-DENNT? Huur LENG-eh skah doo VAH-rah HAIR?

Are you a French student?
Är du en fransk student?
Air doo enn FRAHNNSK stou-DENNT?

I am an American student that is here for the semester.
Jag är en amerikansk student som ska vara här i en termin.
Yahg air enn amm-rih-KAHNSK stou-DENNT somm skah VAH-rah HAIR ee enn terr-MEEN.

Memorize this information, please.
Lägg den här informationen på minnet, tack.
LEHGG denn HAIR INN-forr-mah-HWOHN-enn p-aw MINN-ett, tack.

This is my roommate Max.
Det här är min rumskamrat Max.
De-HAIR air minn RUMMS-kahmm-RAHT MAHCKS.

Are these questions likely to appear on the exams?
Är det troligt att de här frågorna kommer dyka upp på proven?
Air deh TROH-litt att domm-HAIR FRAW-gohrr-nah KOMM-err p-aw PROO-venn?

Teacher, say that again, please.
Snälla lärare, säg det där igen.
SNAI-lla LEHR-ah-REH, sey deh-DAIR ih-YEN.

I didn't do well on the quiz.
Jag gjorde inte bra ifrån mig på testet.
Yahg Y-OU-R-deh INN-teh bra ih-FRAWN mey p-aw TESS-tett.

Go play outside, but stay where I can see you.
Gå och lek utomhus, men håll dig inom synhåll.
GAW ock LEHK OOT-omm-HUSS, menn HOLL dey EEN-ohm seen-WHOL.

How is your daughter?
Hur mår din dotter?
Huur MAUR dinn DOTT-err?

I'm going to walk the dogs.
Jag går ut och går med hundarna.
Yahg gawr oot ock GAWR meh HUND-arr-nah.

She's not very happy here.
Hon är inte särskilt lycklig här.
Hohn air INN-teh SEHR-hwillt LUECK-ligg hair.

I passed the quiz with high marks!
Jag klarade provet med högt betyg!
Yahg KLAHR-ah-deh PROO-vett meh HUHCKT beh-TUEG!

What program are you enrolled in?
Vilket program är du registrerad på?
VILL-kett proh-GRAMM air doo reh-gih-STREH-rahd p-aw?

I really like my English teacher.
Jag gillar verkligen min engelskalärare.
Yahg YILL-arr VEHRR-klih-enn minn ENG-ellska-LEH-rarr-eh.

I have too much homework.
Jag har för mycket läxor.
Yahg hahr furr MUECK-ett LECKS-ohr.

I have to take my dog to the vet tomorrow.
Jag måste ta min hund till veterinären imorgon.
Yahg MOSS-teh tah min HUND till VETT-rih-NEHR-enn ih-MORR-onn.

When do we get to go to lunch?
När får vi gå på lunch?
NAIR fawr vee GAW p-aw LUNNSH?

My dog ate something he shouldn't have eaten.
Min hund åt något som han inte borde ha ätit.
Minn hund AWT N-AW-gott somm hann INN-teh BOUR-deh hah EH-titt.

We need more toys for our dog to play with.
Vi behöver fler leksaker som vår hund kan leka med.
Vee beh-UH-verr flehr LEHK-sak-ehr somm vaur hund kann LEH-kah meh.

Can you change the litter box?
Kan du byta ut kattsanden?
Kann doo BUE-tah oot kahtt-SAHNN-denn?

125

Get a lint brush and roll it to get the hair off your clothes.
Ta en klädvårdsrulle och rulla den för att få bort håret från kläderna.
Tah enn KLEHD-vaurds-ROULL-eh ock ROULL-ah denn furr att faw BOHRT HAU-rett frawn KLEH-derr-nah.

Can you help me study?
Kan du hjälpa mig att studera?
Kann doo YELL-pah mey att stood-EH-rah?

I have to go study in my room.
Jag måste gå och studera i mitt rum.
Yahg MOSS-teh gaw ock stood-EH-rah ee mitt RUMM.

We went to the campus party, and it was a lot of fun.
Vi gick på campusfesten, och det var riktigt kul.
Vee yick p-aw KAHMM-pouss-FESS-tenn ock deh vahr RICK-titt koul.

Can you use that word in a sentence?
Kan du använda det ordet i en mening?
Kann doo ahnn-VENN-dah deh OURD-ett ee enn MEH-ning?

How do you spell that word?
Hur stavar man det ordet?
Huur STAH-varr mann deh OURD-ett?

Go play with your brother.
Gå och lek med din bror.
Gaw och LEHK meh dinn BROHR.

Come inside! It is dinnertime.
Kom in! Det är middagsdags.
Kom INN! Deh air MIDD-ahss-DAHCKS.

Tell me about your day.
Berätta om din dag.
Beh-RETT-ah omm dinn DAHG.

Where do you want to go?
Vart vill du gå?
Vahrt VILL doo GAW?

How are you feeling?
Hur mår du?
Huur MAUR doo?

What do you want me to make for dinner tonight?
Vad vill du att jag ska laga till middag ikväll?
Vahd vill doo att YAHG skah LAH-gah till MIDD-ahg ih-KVELL?

It's time for you to take a bath.
Det är dags för dig att bada.
Deh air DAHCKS furr dey att BAH-dah.

Brush your teeth and wash behind your ears.
Borsta tänderna och tvätta dig bakom öronen.
BOSH-tah TEHNN-derr-nah ock TVEHTT-ah dey BAH-komm UH-ronn-enn.

You're not wearing that to bed.
Du får inte ha på dig det där till sängs.
Doo fawr INN-teh hah P-AW dey deh-DAIR till SENGS.

I don't like the way you're dressed. Put something else on.
Jag gillar inte hur du är klädd. Ta på dig något annat.
Yahg YILL-arr INN-teh huur doo air KLEHDD. Tah p-aw dey N-AW-gott AHNN-att.

Did you make any friends today?
Fick du några vänner idag?
Fick doo N-AW-grah VEHNN-err ih-DAHG?

Let me see your homework.
Låt mig se dina läxor.
L-awt mey SEH DEE-nah LECKS-ohr.

Do I need to call your school?
Behöver jag ringa din skola?
Beh-UH-verr yahg RING-ah dinn SKOO-lah?

The dog can't go outside right now.
Hunden kan inte gå ut just nu.
Hund kann INN-teh gaw oot yusst nou.

Is the new quiz going to be available next week?
Kommer det nya provet finnas tillgängligt nästa vecka?
KOMM-err deh NUE-ah PROO-vett FINN-ahss till-YENG-litt NESS-tah VECK-ah?

Are we allowed to use calculators during the test?
Får vi ha miniräknare med oss under provet?
FAWR vee hah mee-nee-REHK-narr-eh meh oss OUNN-derr PROO-vett?

I would like to lead today's lesson.
Jag skulle vilja hålla i dagens lektion.
Yahg SKOULL-eh VILL-yah HOLL-ah ee DAHG-enns leck-HWOHN.

I have a dorm curfew so I need to go back.
Vi har utegångsförbud på mitt studenthem så jag behöver gå tillbaka.
Vee hahr oot-eh-GONGS-furr-BOUD p-aw mitt stou-DENNT-HEMM s-aw yahg beh-UH-verr gaw till-BAH-kah.

Do I have to use pencil or pen?
Måste jag använda blyertspenna eller bläckpenna?
MOSS-teh yahg ahnn-VENN-dah B-LUE-ehrts-PENN-ah ELL-err bleck-PENN-ah?

Are cell phones allowed in class?
Är mobiltelefoner tillåtna under lektionstid?
Air moh-BEEL-tell-eh-FAUN-err till-AUT-nah OUNN-derr leck-HWOHNS-TEED?

Where is the nearest dog park located?
Var ligger närmaste hundpark?
VAHR LIGG-err NEHRR-mass-teh hund-PAHRRK?

Are dogs allowed to be off their leash here?
Får hundar gå utan koppel här?
Fawr HUND-arr GAW OU-tahnn KOPP-ell hair?

Are children allowed here?
Är barn tillåtna här?
Air BARN till-AUT-nah hair?

I would like to set up a play date with our children.
Jag skulle vilja planera in en dag då våra barn kan leka.
Yahg SKOULL-eh VILL-yah plann-E-rah INN enn dahg daw VAU-rah BARN kann LEH-kah.

I would like to invite you to my child's birthday party.
Jag skulle vilja bjuda in dig till mitt barns födelsedagskalas.
Yahg SKOULL-eh VILL-yah BYOU-dah INN dey till mitt BARNS FUH-dell-seh-DAHGS-kah-LAHS.

Did you miss your curfew last night?
Missade du ditt utegångsförbud igår kväll?
MISS-ah-deh doo ditt oot-eh-GONGS-furr-BOUD ih-GAWR kvell?

TRAVELER'S GUIDE

Over there is the library.
Där borta ligger biblioteket.
DAIR BOHRT-ah LIGG-err BIBB-loh-TEH-kett.

Just over there.
Precis där borta.
Preh-SEES DAIR BOHRT-ah.

Yes, this way.
Ja, den här vägen.
Yah, denn-HAIR VEHG-enn.

I haven't done anything wrong.
Jag har inte gjort något fel.
Yahg hahr INN-teh Y-OU-RT N-AW-gott FEHL.

It was a misunderstanding.
Det var ett missförstånd.
Deh vahr ett MISS-fuhsh-TONND.

I am an American citizen.
Jag är en amerikansk medborgare.
Yahg air enn amm-rih-KAHNSK mehd-BORR-yah-reh.

We are tourists on vacation.
Vi är turister på semester.
Vee air tou-RISS-terr p-aw seh-MESS-terr.

I am looking for an apartment.
Jag letar efter en lägenhet.
Yahg LEH-tarr EFF-terr enn LEH-genn-HEHT.

This is a short-term stay.
Det här är ett korttidsboende.
Deh-HAIR air ett KOHRT-eeds-BOH-enn-deh.

I am looking for a place to rent.
Jag letar efter ett ställe att hyra.
Yahg LEH-tarr EFF-terr ett STELL-eh att HUER-ah.

Where can we grab a quick bite to eat?
Var kan vi gå och köpa något snabbt att äta?
VAHR kann vee gaw ock SHUH-pah N-AW-gott SNAHBBT att EH-tah?

We need the cheapest place you can find.
Vi behöver det billigaste stället du kan hitta.
Vee beh-UH-verr deh BILL-igg-ahss-teh STELL-ett doo kann HITT-ah.

Do you have a map of the city?
Har du en karta över staden?
Hahr doo enn KAHR-tah UH-verr STAHN?

What places do tourists most often visit when they come here?
Vilka platser brukar turister oftast besöka när de kommer hit?
VILL-kah PLAHTT-serr BROUK-arr tou-RISS-terr OFF-tahsst beh-SUH-kah nair domm KOMM-err heet?

Can you take our picture, please?
Kan du ta en bild på oss, tack?
Kann DOO tah enn BILLD p-aw oss, tack?

Do you take foreign credit cards?
Tar ni utländska kreditkort?
Tahr nee oot-LENND-skah kreh-DEET-kohrt?

I would like to hire a bicycle to take us around the city.
Jag skulle vilja hyra en cykel för att ta oss runt staden.
Yahg SKOULL-eh VILL-yah HUE-rah enn SUECK-ell furr att tah oss ROUNNT STAHN.

Do you mind if I take pictures here?
Har du något emot om jag tar bilder här?
Hahr doo N-AW-gott eh-MOHT omm yahg tahr BILLD-err hair?

ANSWERS

Yes, to some extent.
Ja, i viss utsträckning.
Yah, ee VISS oot-STRECK-ning.

I'm not sure.
Jag är inte säker.
Yahg air INN-teh SEH-kerr.

Yes, go ahead.
Ja, varsågod.
Yah, VASH-aw-goud.

Yes, just like you.
Ja, precis som du.
Yah, preh-SEES somm doo.

No, no problem.
Nej, inga problem.
Ney, ING-ah proh-BLEM.

This is a little more expensive than the other one.
Den här är lite dyrare än den andra.
Denn HAIR air LEE-teh DUER-ah-reh enn denn AHNND-rah.

My city is small but nice.
Min stad är liten men trevlig.
MINN stahd air LEE-tenn menn TREH-vligg.

This city is quite big.
Den här staden är ganska stor.
Denn HAIR STAHN air GAHNN-skah stour.

I'm from America.
Jag är från Amerika.
Yahg air frawn ah-MEHR-ick-ah.

We'll wait for you.
Vi väntar på dig.
Vee VENN-tarr p-aw dey.

I love going for walks.
Jag älskar att gå på promenader.
Yahg EHLL-skahrr att GAW paw prou-menn-AH-derr.

I'm a woman.
Jag är en kvinna.
Yahg air enn KVINN-ah.

Good, I'm going to check it out.
Bra, jag ska kolla upp det.
Bra, yahg skah koh-LA uuhp deh.

I'll think about it and call you tomorrow with an answer.
Jag ska tänka på saken och ringer dig imorgon med ett besked.
Yahg ska TENN-kah p-aw SAHK-enn och RING-err dey ih-MORR-onn meh ett beh-HWEHD.

I have two children.
Jag har två barn.
Yahg hahr TVOH barn.

Does this place have a patio?
Har det här stället en uteplats?
Hahr de-HAIR STELL-ett enn OOT-eh-PLAHTTS?

No, the bathroom is vacant.
Nej, badrummet är ledigt.
Ney, BAHD-rumm-ett air LEH-ditt.

I'm not old enough.
Jag är inte tillräckligt gammal.
Yahg air INN-teh till-RECK-litt GAHMM-all.

No, it is very easy.
Nej, det är väldigt enkelt.
Ney, deh air VELL-ditt ENN-kellt.

Understood.
Förstått.
Fuhsh-TOTT.

Only if you go first.
Bara om du går först.
BAH-rah omm DOO gawr FUHSHT.

Yes, that is correct.
Ja, det är korrekt.
Yah, deh air koh-RECKT.

That was the wrong answer.
Det där var fel svar.
Deh dair vahr fehl svahr.

We haven't decided yet.
Vi har inte bestämt oss ännu.
Vee hahr INN-teh beh-STEMMT oss ENN-nou.

We can try.
Vi kan testa.
Vee kann TESS-tah.

I like to read books.
Jag tycker om att läsa böcker.
Yahg TUECK-err omm att LEH-sah BUHCK-err.

We can go there together.
Vi kan gå dit tillsammans.
Vee kann gaw DEET till-SAHMM-ahnns.

Yes, I understand.
Ja, jag förstår.
Yah, yahg fuhsh-TAWR.

That looks interesting.
Det där ser intressant ut.
Deh-DAIR sehr INN-treh-SAHNNT oot.

Me neither.
Inte jag heller.
INN-teh yahg HELL-err.

It was fun.
Det var kul.
Deh vahr koul.

Me too.
Jag med.
Yahg meh.

Stay there.
Stanna där.
STAHNN-ah dair.

We were worried about you.
Vi var oroliga för dig.
Vee vahr oh-ROU-ligg-ah furr dey.

No, not really.
Nej, inte riktigt.
Ney, INN-teh RICK-titt.

Unbelievable.
Otroligt.
Oh-TROU-litt.

No, I didn't make it in time.
Nej, jag hann inte i tid.
Ney, yahg HANN INN-teh ee teed.

No, you cannot.
Nej, det får du inte.
Ney, deh FAWR doo INN-teh.

Here you go.
Varsågod.
VASH-aw-goud.

It was good.
Det var bra.
Deh vah bra.

Ask my wife.
Fråga min fru.
FRAW-gah minn FROO.

That's up to him.
Det är upp till honom.
Deh air OUPP till HONN-omm.

That is not allowed.
Det där är inte tillåtet.
Deh-DAIR air INN-teh till-AUT-ett.

You can stay at my place.
Du kan bo hos mig.
Doo kann boh hohs mey.

Only if you want to.
Bara om du vill.
BAH-rah omm doo vill.

It depends on my schedule.
Det beror på hur mitt schema ser ut.
Deh beh-ROHR p-aw huur mitt HWEH-mah sehr oot.

I don't think that's possible.
Jag tror inte att det är möjligt.
Yahg trohr INN-teh att deh air MUHY-litt.

You're not bothering me.
Du stör inte mig.
Doo stuhr INN-teh mey.

The salesman knows.
Säljaren vet.
SELL-yah-renn veht.

I have to work.
Jag måste jobba.
Yahg MOSS-teh YOBB-ah.

I'm late.
Jag är sen.
Yahg air SEHN.

To pray.
Att be.
Att BEH.

I'll do my best.
Jag ska göra mitt bästa.
Yahg skah YUH-rah mitt BESS-tah.

DIRECTIONS

Over here.
Här borta.
HAIR BOHRT-ah.

Go straight ahead.
Gå rakt fram.
Gaw RAHKT framm.

Follow the straight line.
Följ den raka linjen.
Fuhll-iy denn RAH-kah LINN-yenn.

Go halfway around the circle.
Gå halvvägs runt cirkeln.
Gaw hahlv-VEHGS ROUNNT SIHRRK-elln.

It is to the left.
Det är till vänster.
Deh air till VEHNN-sterr.

Where is the party going to be?
Var kommer festen att hållas?
Vahr KOMM-err FESS-tenn att HOLL-ahss?

Where is the library located?
Var ligger biblioteket?
Vahr LIGG-err BIBB-loh-TEH-kett?

It is to the north.
Det är norrut.
Deh air NORR-ou-t.

You can find it further down the street.
Du kan hitta det längre ner på gatan.
Doo kann HITT-ah deh LENG-reh nehr p-aw GAH-tahnn.

Go into the city to get there.
Gå in till staden för att komma dit.
Gaw INN till STAHN furr att KOMM-ah deet.

Where are you now?
Var är du nu?
Vahr air doo nou?

There is a fire hydrant right in front of me.
Det står en brandpost precis framför mig.
Deh stawr enn brahnnd-POSST preh-SEES FRAHMM-furr mey.

Do you know a shortcut?
Vet du en genväg?
Veht doo en yehn-VEHG?

Where is the freeway?
Var är motorvägen?
VAHR air MOH-torr-VEHG-enn?

Do I need exact change for the toll?
Behöver jag jämn växel till vägtullarna?
Beh-UH-verr yahg yehmn VECKS-ell till vehg-TOULL-arr-nah?

Turn right at the traffic light.
Sväng höger vid trafikljuset.
Svehng HUH-gerr veed trah-FEEK-YOUSS-ett.

When you get to the intersection, turn left.
När du kommer till vägkorsningen, sväng vänster.
Nair doo KOMM-err till vehg-KOSH-ning-enn, svehng VEHNN-sterr.

Stay in your lane until it splits off to the right.
Håll dig i din fil tills den delar sig till höger.
HOLL dey ee DIN feel tills deh DEHL-arr sey till HUH-gerr.

Don't go onto the ramp.
Kör inte upp på rampen.
Shuhr INN-teh oupp p-aw RAHMM-penn.

You are going in the wrong direction.
Du är på väg åt fel håll.
Doo air p-aw VEHG awt fehl HOLL.

Can you guide me to this location?
Kan du guida mig till den här platsen?
Kann doo GUY-dah mey till denn HAIR PLAHTT-senn?

Stop at the crossroads.
Stanna vid vägkorsningen.
STAHNN-ah veed vehg-KOSH-ning-enn.

You missed our turn. Please turn around.
Du körde förbi vår avtagsväg. Var snäll och vänd.
Doo SHUHR-deh furr-BEE vaur AHV-tahgs-VEHG. Vahr SNELL ock VENND.

It is illegal to turn here.
Det är olagligt att vända här.
Deht air oh-LAHG-litt att VENN-dah hair.

We're lost, can you help us?
Vi är vilse, kan du hjälpa oss?
Vee air VILL-seh, kann DOO YELL-pah oss?

APOLOGIES

Dad, I'm sorry.
Pappa, förlåt.
PAHPP-ah, furr-LAUT.

I apologize for being late.
Jag ber om ursäkt att jag är sen.
Yahg BEHR omm oo-SHECK-t att yahg air SEHN.

Excuse me for not bringing money.
Förlåt att jag inte tog med mig pengar.
Furr-LAUT att yahg INN-teh tohg meh mey PENG-arr.

That was my fault.
Det där var mitt fel.
Deh DAIR vahr MITT fehl.

I'm sorry, it won't happen again.
Förlåt, det ska inte hända igen.
Furr-LAUT, deh skah INN-teh HENN-dah ih-YEN.

I won't break another promise.
Jag ska inte bryta något annat löfte.
Yahg skah INN-teh BRUE-tah N-AW-gott AHNN-att LUHFF-teh.

I promise that I'll be careful.
Jag lovar att jag ska vara försiktig.
Yahg LAU-varr att Yahg skah VAH-rah fuh-SHICK-tigg.

I'm sorry, I wasn't paying attention.
Förlåt, jag var inte uppmärksam.
Furr-LAUT, yahg vahr INN-teh OUPP-mehrk-SAHMM.

I regret that. I'm so sorry.
Jag ångrar det. Jag är så ledsen.
Yahg ONG-rahrr deh. Yahg air S-AW LESS-enn.

I'm sorry, but I can't today.
Tyvärr, jag kan inte idag.
Tue-VEHRR, yahg KANN INN-teh ih-DAHG.

It's not your fault, I'm sorry.
Det är inte ditt fel, förlåt.
Deh air INN-teh ditt fehl, furr-LAUT.

Please, give me another chance.
Snälla, ge mig en chans till.
SNELL-ah yeh mey ENN hwanns till.

Can you ever forgive me?
Kan du någonsin förlåta mig?
Kann doo N-AW-gonn-SINN furr-LAUT-ah mey?

I hope in time we can be friends.
Jag hoppas att vi så småningom kan vara vänner.
Yahg HOPP-ahss att vee s-aw-SMAU-ning-omm kann VAH-rah VENN-err.

I screwed up, and I'm sorry.
Jag klantade mig, och jag är ledsen.
Yahg KLAHNN-tah-deh mey, ock yahg air S-AW LESS-enn.

SMALL TALK

No.
Nej.
Ney.

Yes.
Ja.
Yah.

Okay.
Okej.
Ock-EY.

Please.
Snälla.
SNELL-ah.

Do you fly out of the country often?
Flyger du utomlands ofta?
FLUE-gerr doo OOT-omm-LAHNNDS OFF-tah?

Thank you.
Tack.
Tack.

That's okay.
Det är okej.
Deh air ock-EY.

I went shopping.
Jag gick och handlade.
Yahg yick ock HANND-lah-deh.

There.
Där.
Dair.

Very well.
Mycket bra.
MUH-ket bra.

What?
Vad?
Vahd?

I think you'll like it.
Jag tror du kommer gilla det.
Yahg trohr doo KOMM-err YILL-ah deh.

When?
När?
Nair?

I didn't sleep well.
Jag sov inte bra.
Yahg SOHV INN-teh bra.

Until what time?
Till vilken tid?
Till VILL-kenn teed?

We are waiting in line.
Vi väntar i kö.
Vee VENN-tarr ee KUH.

We're only waiting for a little bit longer.
Vi kommer bara vänta lite till.
Vee KOMM-err BAH-rah VENN-tah LEE-teh till.

How?
Hur?
Huur?

Where?
Var?
Vahr?

I'm glad.
Jag är glad.
Yahg air glahd.

You are very tall.
Du är väldigt lång.
Doo air VELL-ditt LONG.

I like to speak your language.
Jag gillar att tala ditt språk.
Yahg YILL-arr att TAH-ltah ditt sprawk.

You are very kind.
Du är väldigt snäll.
Doo air VELL-ditt SNELL.

Happy birthday!
Grattis på födelsedagen!
GRAHTT-iss p-aw FUH-dell-seh-DAHG-enn!

I would like to thank you very much.
Jag skulle vilja tacka dig så mycket.
Yahg SKOULL-eh VILL-yah TACK-ah dey s-aw MUECK-ett.

Here is a gift that I bought for you.
Här är en present jag har köpt till dig.
Hair air enn preh-SENNT yahg hahr SHUHPPT till dey.

Yes. Thank you for all of your help.
Ja. Tack för all din hjälp.
Yah. TACK furr all dinn YELLP.

What did you get?
Vad fick du?
Vahd fick doo?

Have a good trip!
Trevlig resa!
TREH-vligg REH-sah!

This place is very special to me.
Den här platsen är väldigt speciell för mig.
Denn HAIR PLAHTT-senn air VELL-ditt spess-ih-ELL furr mey.

My foot is asleep.
Min fot sover.
Minn FOHT SOH-verr.

May I open this now or later?
Får jag öppna den här nu eller senare?
Fawr yahg UHPP-nah denn HAIR nou ELL-err SEH-na-REH?

Why do you think that is?
Varför tror du att det är så?
VAHRR-furr trohr doo att deh air S-AW?

Which do you like better, chocolate or caramel?
Vad gillar du mest, choklad eller kola?
Vahd YILL-arr doo MESST, hwoh-KLAHD ELL-err KAWL-ah?

Have a safe journey.
Ha en trygg resa.
Hah enn TRUEGG REH-sah.

I want to do this for a little longer.
Jag vill göra det här lite längre.
Yahg vill YUH-rah de-HAIR LEE-teh LENG-reh.

This is a picture that I took at the hotel.
Det här är en bild jag tog på hotellet.
De-HAIR air enn BILLD yahg TOHG p-aw hoh-TELL-ett.

Allow me.
Tillåt mig.
Till-AUT mey.

I was surprised.
Jag var förvånad.
Yahg vahr furr-VAUN-ahdd.

I like that.
Jag gillar det där.
Yahg YILL-arr deh-DAIR.

Are you in high spirits today?
Är du på gott humör idag?
Air doo p-aw GOTT houmm-UHR ih-DAHG?

Oh, here comes my wife.
Åh, här kommer min fru.
Aw, HAIR KOMM-err minn froo.

May I see the photo?
Får jag se fotot?
Fawr yahg seh FOHT-oht?

Feel free to ask me anything.
Fråga mig gärna vad som helst.
FRAW-gah mey YEHR-nah vahd somm hellst.

That was magnificent!
Det där var magnifikt!
Deh-DAIR vahr MANG-nih-FEEKT!

See you some other time.
Vi ses någon annan gång.
Vee SEHS N-AW-gonn AHNN-ahnn gong.

No more, please.
Inget mer, tack.
ING-ett mehr, tack.

Please don't use that.
Snälla, använd inte det där.
SNELL-ah, ahnn-VENND INN-teh deh-DAIR.

That is very pretty.
Det där är väldigt fint.
Deh-DAIR air VELL-ditt feent.

Could you say that again?
Skulle du kunna säga det där igen?
SKOULL-eh DOO KUNN-ah SEY-ah deh-DAIR ih-YEN?

Speak slowly.
Tala långsamt.
TAH-lah LONG-sahmmt.

I'm home.
Jag är hemma.
Yahg air HEMM-ah.

Do you live here?
Bor du här?
Bour doo hair?

I know a lot about the area.
Jag vet mycket om området.
Yahg veht MUECK-ett omm omm-RAWD-ett.

Welcome back. How was your day?
Välkommen tillbaka. Hur var din dag?
Vehl-KOMM-enn till-BAH-kah. Huur vahr DINN DAHG?

I read every day.
Jag läser varje dag.
Yahg LEH-serr VAHRR-yeh dahg.

My favorite type of book is novels by Stephen King.
Min favorittyp av böcker är romaner av Stephen King.
Minn fah-voh-REET-TUEP ahv BUHCK-err air roh-MAHN-err ahv STEEV-enn KING.

You surprised me!
Du överraskade mig!
Doo UH-veh-RAHSS-kah-deh mey!

I am short on time so I have to go.
Jag har ont om tid så jag måste gå.
Yahg hahr OHNT omm TEED s-aw yahg MOSS-teh gaw.

Thank you for having this conversation with me.
Tack för du hade den här konversationen med mig.
Tack furr att doo HAHDD-eh denn-HAIR KONN-vesh-ah-HWOHN-enn mehd mey.

Oh, when is it?
Åh, när är det?
Aw, NAIR AIR deh?

This is my brother, Jeremy.
Det här är min bror, Jeremy.
De-HAIR air minn BROHR, YERR-eh-my.

This is my favorite bookstore.
Det här är min favoritbokaffär.
De-HAIR air minn fah-voh-REET-bohk-aff-AIR.

That statue is bigger than it looks.
Den där statyn är större än den ser ut.
Denn dair stah-TUEN air STUHRR-eh enn denn sehr OOT.

Look at the shape of that cloud!
Kolla på det där molnets form!
KOLL-ah p-aw deh-DAIR MAUL-netts FORRM!

BUSINESS

I am president of the credit union.
Jag är ordförande i kreditföreningen.
Yahg air ohrd-FURR-ahnn-deh ee kreh-DEET-furr-EHN-ing-enn.

We are expanding in your area.
Vi expanderar i ditt område.
Vee ECKS-pahnn-DEH-rarr ee ditt omm-RAWD-eh.

I am looking for work in the agriculture field.
Jag söker jobb inom jordbrukssektorn.
Yahg SUH-kerr yobb inn-omm YOHRD-brouk-SECKT-orrn.

Sign here, please.
Skriv på här, tack.
Skreev P-AW hair, tack.

I am looking for temporary work.
Jag söker tillfälligt arbete.
Yahg SUH-kerr till-FELL-itt arr-BEH-teh.

I need to call and set up that meeting.
Jag behöver ringa och boka in det där mötet.
Yahg beh-UH-verr RING-ah ock BOH-kah inn deh-DAIR MUHT-ett.

Is the line open?
Är linjen öppen?
Air LINN-yen UHPP-enn?

You have to hang up the phone.
Du måste lägga på telefonen.
Doo MOSS-teh LEGG-ah p-aw tell-eh-FAUN-enn.

Who should I ask for more information about your business?
Vem borde jag fråga för att få mer information om ert företag?
VEMM BOUR-deh yahg FRAW-gah furr att faw MEHR INN-forr-mah-HWOHN omm EHRT FURR-eh-TAHG?

No one answered when you handed me the phone.
Ingen svarade när du gav mig telefonen.
ING-enn SVAH-rah-deh nair doo GAHV mey tell-eh-FAUN-enn.

Robert is not here at the moment.
Robert är inte här just nu.
RAUB-errt air INN-teh hair yusst nou.

Call me after work, thanks.
Ring mig efter jobbet, tack.
Ring mey EFF-terr YOBB-ett, tack.

We're strongly considering your contract offer.
Vi överväger starkt ditt anbud.
Vee UH-verr-VEHG-err STARRKT ditt ahnn-BOUD.

Have the essential forms been signed yet?
Har de nödvändiga formulären skrivits under ännu?
Hahr domm NUHD-vendiga FORR-mu-LEHR-enn SKREEV-itts OUNN-derr ENN-nou?

I have a few hours available after work.
Jag har några lediga timmar efter jobbet.
Yahg hahr N-AW-grah LEH-digg-ah TIMM-arr EFF-terr YOBB-ett.

What do they manufacture there?
Vad tillverkar de här?
Vahd till-VEHRR-karr DOMM hair?

I have no tasks assigned to me.
Jag har inte blivit tilldelad några uppgifter.
Yahg hahr INN-teh BLEE-vitt till-DEHL-add N-AW-grah oupp-YIFFT-err.

How many are they hiring?
Hur många ska de anställa?
Huur MONG-ah skah domm ahnn-STELL-ah?

It should take me three hours to complete this task.
Det borde ta mig tre timmar att göra klart den här uppgiften.
Deh BOUR-deh tah mey TREH TIMM-arr att YUH-rah KLAHRT denn-HAIR oupp-YIFFT-enn.

Don't use that computer, it is only for financial work.
Använd inte den där datorn, den är bara till för bokföring.
Ahnn-VENND INN-teh denn DAIR DAH-tohrrn, denn air BAH-ra till furr BOHK-fuhr-ing.

I only employ people that I can rely on.
Jag anställer bara personer som jag kan förlita mig på.
Yahg ahnn-STELL-err BAH-rah peh-SHOHN-err somm yahg kann furr-LEE-tah mey p-aw.

We can discuss this further after I have talked to my lawyers.
Vi kan diskutera det här ytterligare efter att jag talat med mina advokater.
Vee kann DISSK-ouh-TEH-rah de-HAIR UETT-err-LIGG-ah-reh EFF-terr att yahg TAH-latt mehd MEE-nah ADD-voh-KAH-terr.

Are there any open positions in my field?
Finns det några lediga tjänster inom mitt område?
FINNS deh N-AW-grah LEH-digg-ah SH-EHN-sterr inn-omm MITT omm-RAWD-eh?

I'll meet you in the conference room.
Vi ses i konferensrummet.
Vee SEHS ee KONN-feh-RAHNNS-RUMM-ett.

Call and leave a message on my office phone.
Ring och lämna ett meddelande på min kontorstelefon.
RING ock LEMM-nah ett meh-DEHL-ahnn-deh p-aw minn konn-TOHSH-tell-eh-FAUN.

Send me a fax with that information.
Skicka mig ett fax med den där informationen.
HWICK-ah mey ett FACKS mehd denn DAIR INN-forr-mah-HWOHN-enn.

Hi, I would like to leave a message for Sheila.
Hej, jag skulle vilja lämna ett meddelande till Sheila.
Hey, yahg SKOULL-eh VILL-yah LEMM-nah ett meh-DEHL-ahnn-deh till SHEI-lah.

Please repeat your last name.
Repetera ditt efternamn igen, tack.
Rep-et-ERA ditt EFF-terr-NAH-MN ih-YEN, tack.

I would like to buy wholesale.
Jag skulle vilja handla i parti.
Yahg SKOULL-eh VILL-yah HANND-lah ee par-TEE.

How do you spell your last name?
Hur stavar du ditt efternamn?
Huur STAH-varr doo ditt EFF-terr-NAH-MN?

I called your boss and left a message yesterday.
Jag ringde din chef och lämnade ett meddelande igår.
Yahg RING-deh dinn HWEHF ock LEMM-nah-deh ett meh-DEHL-ahnn-deh ih-GAWR.

That customer hung up on me.
Den där kunden lade på luren i örat på mig.
Denn dair KOUNN-denn lah p-aw LOOR-enn ee UH-ratt p-aw mey.

She called but didn't leave a callback number.
Hon ringde men lämnade inget nummer för att ringa tillbaka.
Hohn RING-deh menn LEMM-nah-deh ING-ett NOUMM-err furr att RING-ah till-BAH-kah.

Hello! Is this Bob?
Hej! Är det här Bob?
Hey! Air de-HAIR BOBB?

Excuse me, but could you speak up? I can't hear you.
Ursäkta, men skulle du kunna tala högre? Jag hör dig inte.
Oo-SHECK-tah, menn SKOULL-eh DOO KUNN-ah TAH-lah HUHG-reh? Yahg HUHR dey INN-teh.

The reception is very bad, could you go somewhere else so I can hear you better?
Mottagningen är jättedålig, skulle du kunna gå någon annanstans så jag kan höra dig bättre?
Moh-TAHG-ning-enn air YETT-eh-DAWL-igg, SKOULL-eh DOO KUNN-ah GAW N-AW-gonn AHNN-ahnn-stahnns s-aw yahg kann HUHR-ah dey BETT-reh?

I would like to apply for a work visa.
Jag skulle vilja ansöka om ett arbetstillstånd.
Yahg SKOULL-eh VILL-yah ahnn-SUH-kah omm ett arr-BEHTS-till-STONND.

It is my dream to work here teaching the language.
Det är min dröm att jobba här och undervisa språket.
Deh air minn DRUHMM att YOBB-ah hair ock OON-der-veesa SPRAWK-ett.

I have always wanted to work here.
Jag har alltid velat jobba här.
Yahg hahr AHLL-tih VEHL-att YOBB-ah hair.

Where do you work?
Var jobbar du?
Vahr YOBB-ar doo?

Are we in the same field of work?
Jobbar vi inom samma område?
YOBB-ar vee inn-omm SAHMM-ah omm-RAWD-eh?

Do we share an office?
Delar vi kontor?
DEH-larr vee konn-TOHR?

What do you do for a living?
Vad jobbar du med?
Vahd YOBB-ar doo meh?

I work in the city as an engineer for Cosco.
Jag jobbar i staden, som ingenjör för Cosco.
Yahg YOBB-arr ee STAHN, somm INN-hwenn-YUHR furr KOSS-koh.

I am an elementary teacher.
Jag är grundskolelärare.
Yahg air GROUNND-skoo-le-LEH-rah-reh.

What time should I be at the meeting?
Hur dags borde jag vara på mötet?
Huur DAHCKS BOUR-deh yahg VAH-rah p-aw MUH-tett?

Could you catch me up on what the meeting was about?
Skulle du kunna uppdatera mig om vad mötet handlade om?
SKOULL-eh DOO KUNN-ah OUPP-dah-TEHR-ah mey omm vahd MUHT-ett HANND-lah-deh omm?

I would like to arrange a meeting with your company.
Jag skulle vilja arrangera ett möte med ditt företag.

Yahg SKOULL-eh VILL-yah AH-rahnn-HWEH-rah ett MUHT-eh meh ditt FURR-eh-TAHG.

Feel free to call my secretary for that information.
Ring gärna min sekreterare för den där informationen.
Ring YEHR-nah minn SEHCK-reh-TEH-rah-reh furr denn-DAIR INN-forr-mah-HWOHN-enn.

I have to ask my lawyer.
Jag måste fråga min advokat.
Yahg MOSS-teh FRAW-gah minn ADD-voh-KAHT.

Fax it over to my office number.
Faxa det till mitt kontorsnummer.
FACKS-ah deh till MITT konn-TOHSH-NOUMM-err.

Will I have any trouble calling into the office?
Kommer jag ha några problem med att ringa in till kontoret?
KOMM-err yahg hah N-AW-grah proh-BLEHM meh att RING-ah inn till konn-TOHR-ett?

Do you have a business card I can have?
Har du ett visitkort jag kan få?
Hahr doo ett vih-seet-KOHRT yahg kann faw?

Here is my business card. Please, take it.
Här är mitt visitkort. Ta det, snälla.
Hair air mitt vih-seet-KOHRT. TAH deh, SNELL-ah.

My colleague and I are going to lunch.
Min kollega och jag ska gå på lunch.
Minn koh-LEHG-ah ock yahg skah gaw p-aw LUNNSH.

I am the director of finance for my company.
Jag är ekonomichef för mitt företag.
Yahg air ECK-oh-noh-MEE-HWEHF furr mitt FURR-eh-TAHG.

I manage the import goods for my company.
Jag sköter mitt företags importvaror.
Yahg HWUH-terr mitt FURR-eh-TAHGS imm-PORRT-VAHR-orr.

Steven is my colleagues' boss.
Steven är mina kollegors chef.
STEE-venn air MEE-nah koh-LEHG-osh hwehf.

I work for the gas station company.
Jag jobbar för bensinstationsföretaget.
Yahg YOBB-arr furr benn-SEEN-stah-HWOHNS-FURR-eh-TAHG-ett.

What company do you work for?
Vilket företag jobbar du för?
VILL-kett FURR-eh-TAHG YOBB-arr doo fuhr?

I'm an independent contractor.
Jag är en oberoende entreprenör.
Yahg air enn OH-beh-ROH-enn-deh ENN-trep-enn-URR.

How many employees do you have at your company?
Hur många anställda har du på ditt företag?
Huur MONG-ah ahnn-STELLD-ah hahr doo p-aw ditt FURR-eh-TAHG?

I know a lot about engineering.
Jag kan mycket om teknik.
Yahg kann MUECK-ett omm teck-NEEK.

I can definitely resolve that dispute for you.
Jag kan definitivt lösa den dispyten åt dig.
Yahg kann DEH-finn-ih-TEEVT LUHS-ah denn diss-PUET-enn awt dey.

You should hire an interpreter.
Du borde anställa en tolk.
Doo BOUR-deh ahnn-STELL-ah enn TOLLK.

Are you going to hire any more people?
Kommer du anställa några fler?
KOMM-err doo ahnn-STELL-ah N-AW-grah FLEHR?

How much experience do I need to work here?
Hur mycket erfarenhet behöver jag ha för att jobba här?
Huur MUECK-ett EHR-fahr-enn-HEHT beh-UH-verr yahg hah furr att YOBB-ah hair?

Our marketing manager handles that.
Vår marknadschef sköter det där.
Vaur MAHRRK-nahdds-HWEHF HWUH-terr deh-dair.

I would like to poach one of your workers.
Jag skulle vilja sno en av dina anställda.
Yahg SKOULL-eh VILL-yah SNOH enn ahv DEE-nah AHNN-STELLD-ah.

Can we work out a deal that is beneficial for the both of us?
Kan vi göra en överenskommelse som är fördelaktig för oss båda?
Kann vee YUH-rah enn UH-verr-EHNNS-KOMM-ell-seh somm air FURR-dehl-AHCK-tigg furr oss BAU-dah?

My resources are at your disposal.
Mina resurser står till ditt förfogande.
MEE-nah reh-SOUSH-err stawr till ditt furr-FOH-gann-deh.

I am afraid that we have to let you go.
Jag är rädd att vi måste säga upp dig.
Yahg air REDD att vee MOSS-teh SEY-ah OUPP dey.

This is your first warning. Please don't do that again.
Det här är din första varning. Var snäll och gör inte om det.
De-HAIR air dinn FUHSH-tah VAHR-ning. Vahr SNELL ock YUHR INN-teh ohm deh.

File a complaint with HR about the incident.
Lämna in ett klagomål till personalavdelningen om incidenten.
LEMM-nah inn ett KLAH-goh-MAUL till peh-shoh-NAHL-ahv-DEHL-ning-enn omm INN-sih-DENNT-enn.

Who is coming to our lunch meeting?
Vem kommer på vårt lunchmöte?
Vemm KOMM-err p-aw vaurt lunnsh-MUHT-eh?

Clear out the rest of my day.
Gör resten av min dag ledig.
Yuhr RESS-tenn ahv minn dahg LEH-digg.

We need to deposit this into the bank.
Vi måste sätta in det här på banken.
Vee MOSS-teh SETT-ah inn de-HAIR p-aw BANN-kenn.

Can you cover the next hour for me?
Kan du täckaför mig den kommande timmen?
Kann DOO TECK-ah furr mey denn KOMM-ann-deh TIMM-enn?

If Shania calls, push her directly through, please.
Om Shania ringer, koppla genom henne direkt, tack.
Omm shah-NAI-ah RING-err, KOPP-lah yenom HENN-eh dih-RECKT, tack.

I'm leaving early today.
Jag går tidigt idag.
Yahg gawr TEED-itt ih-DAHG.

I'll be working late tonight.
Jag kommer jobba sent ikväll.
Yahg KOMM-err YOBB-ah SEHNT ih-KVELL.

You can use the bathroom in my office.
Du kan använda badrummet i mitt kontor.
Doo kann ahnn-VENN-dah BAHD-rumm-ett ee MITT konn-TOHR.

You can use my office phone to call.
Du kan använda min kontorstelefon för att ringa.
Doo kann ahnn-VENN-dah MINN konn-TOHSH-tell-eh-FAUN furr att RING-ah.

Close the door behind you, please.
Stäng dörren efter dig, tack.
STENG DURR-enn EFF-terr dey, tack.

I need to talk to you privately.
Jag behöver tala med dig i enrum.
Yahg beh-UH-verr TAH-lah meh dey ee ehn-RUMM.

Your team is doing good work on this project.
Din grupp gör bra ifrån sig på det här projektet.
Dinn groupp yuhr BRA ih-FRAWN sey p-aw de-hair proh-HWECK-tett.

Our numbers are down this quarter.
Våra siffror har gått ner det här kvartalet.
VAU-rah SIFF-rohr hahr gott NEHR de-HAIR kvahrt-AHL-ett.

You have to work harder than usual.
Du måste jobba hårdare än vanligt.
Doo MOSS-teh YOBB-ah HAUR-dah-reh enn VAHN-litt.

I'm calling in sick today. Can anyone cover my shift?
Jag sjukanmäler mig idag. Kan någon ta mitt skift?
Yahg HWOUK-ahnn-MEHL-err mey ih-DAHG. Kann N-AW-gonn tah mitt HWIFFT?

Tom, we are thinking of promoting you.
Tom, vi överväger att befordra dig.
Tomm, vee UH-verr-VEH-gerr att beh-FOHRD-rah dey.

I would like a raise.
Jag skulle vilja ha löneförhöjning.
Yahg SKOULL-eh VILL-yah hah LUH-neh-furr-HUH-Y-ning.

THE WEATHER

I think the weather is changing.
Jag tror att vädret håller på att slå om.
Yahg trohr att VEH-drett HOLL-err p-aw att slau OMM.

Be careful, it is raining outside.
Var försiktig, det regnar ute.
Vahr fuh-SHICK-tigg, deh RENG-narr oote.

Remember to bring your umbrella.
Kom ihåg att ta med ditt paraply.
Komm ih-AW-g att tah MEH dey ditt PAH-rah-PLUE.

Get out of the rain or you will catch a cold.
Kom in från regnet annars blir du förkyld.
Komm INN frawn RENG-nett, AHNN-ash bleer doo furr-SHUELD.

Is it snowing?
Snöar det?
SNUH-arr deh?

The snow is very thick right now.
Snön ligger väldigt tjock just nu.
SNUHN LIGG-err VELL-ditt SHOCK yusst nou.

Be careful, the road is full of ice.
Var försiktig, vägen är full av is.
Vahr fuh-SHICK-tigg, VEHG-enn air full ahv EES.

What is the climate like here? Is it warm or cold?
Hur är klimatet här? Är det varmt eller kallt?
Huur air klih-MAHT-ett hair? Air deh VAHRMT ELL-err KAHLLT?

It has been a very nice temperature here.
Vi har haft en väldigt skön temperatur här.
Vee hahr hafft enn VELL-ditt HWUHN temm-prah-TOOR hair.

Does it rain a lot here?
Regnar det mycket här?
RENG-narr deh MUECK-ett HAIR?

The temperature is going to break records this week.
Temperaturen kommer slå rekord den här veckan.
Temm-prah-TOOR-enn KOMM-err slau reh-KAURD denn HAIR VECK-ahnn.

Does it ever snow here?
Snöar det någonsin här?
SNUH-arr deh N-AW- SINN hair?

When does it get sunny?
När blir det sol?
NAIR bleer deh SOHL?

What does the forecast look like for tomorrow?
Hur ser väderprognosen ut för imorgon?
Huur sehr VEH-derr-prohg-NAUS-enn oot furr ih-MORR-onn?

This is a heatwave.
Det här är en värmebölja.
De-hair air enn VERR-meh-BUHLL-yah.

Right now, it is overcast, but it should clear up by this evening.
Just nu är det molnigt, men det borde klarna upp till ikväll.
Yusst NOU air deh MAUL-nitt, menn deh BOUR-deh KLAHR-nah OUPP till ih-KVELL.

It is going to heat up in the afternoon.
Det blir varmt på eftermiddagen.
Deh bleer VAHRMT p-aw EFF-terr-MIDD-ah-genn.

Which channel is the weather channel?
Vilken kanal är väderkanalen?
VILL-kenn kah-NAHL air VEH-derr-kah-NAHL-enn?

Tonight it will be below zero.
Ikväll blir det minusgrader.
Ih-KVELL bleer deh MEEN-ouss-GRAH-derr.

It's very windy outside.
Det är väldigt blåsigt ute.
Deh air VELL-ditt BLAUS-itt oot-eh.

It will be cold in the morning.
Det blir kallt på morgonen.
Deh bleer KAHLLT p-aw MORR-onn-enn.

It's not raining, only drizzling.
Det regnar inte, det duggar bara.
Deh RENG-narr INN-teh, deh DOOGG-arr BAH-rah.

HOTEL

I would like to book a room.
Jag skulle vilja boka ett rum.
Yahg SKOULL-eh VILL-yah BOH-kah ett RUMM.

I'd like a single room.
Jag skulle vilja ha ett enkelrum.
Yahg SKOULL-eh VILL-yah hah ett ENN-kell-RUMM.

I'd like a suite.
Jag skulle vilja ha en svit.
Yahg SKOULL-eh VILL-yah hah enn SVEET.

How much is the room per night?
Hur mycket kostar rummet per natt?
Huur MUECK-ett KOSS-tarr RUMM-ett pehr NAHTT?

How much is the room, including tax?
Hur mycket kostar rummet, inklusive moms?
Huur MUECK-ett KOSS-tarr RUMM-ett, INN-klouss-EEV-eh mohms?

When is the checkout time?
När är utcheckningen?
Nair air oot-SHECK-ning-enn?

I'd like a room with a nice view.
Jag skulle vilja ha ett rum med fin utsikt.
Yahg SKOULL-eh VILL-yah hah ett RUMM meh FEEN oot-SICKT.

I'd like to order room service.
Jag skulle vilja beställa rumsservice.
Yahg SKOULL-eh VILL-yah beh-STELL-ah rumms-SERR-viss.

Let's go swim in the outdoor pool.
Låt oss gå och simma i utomhuspoolen.
L-awt oss gaw ock SIMM-ah ee OOT-omm-HUSS-POOL-enn.

Are pets allowed at the hotel?
Är husdjur tillåtna på hotellet?
Air houss-YOUR till-AUT-nah p-aw hoh-TELL-ett?

I would like a room on the first floor.
Jag skulle vilja ha ett rum på första våningen.
Yahg SKOULL-eh VILL-yah hah ett RUMM p-aw FUHSH-tah VAU-ning-enn.

Can you send maintenance up to our room for a repair?
Kan du skicka upp en vaktmästare för en reparation?
Kann doo HWICK-ah OUPP enn vackt-MESS-tah-reh furr enn REPP-ah-rah-HWOHN?

I'm locked out of my room, could you unlock the door?
Jag är utelåst från mitt rum, kan du låsa upp dörren?
Yahg air oot-eh-LAUST frawn mitt RUMM, kann DOO LAU-sah OUPP DURR-enn?

Our door is jammed and won't open.
Vår dörr har fastnat och går inte att öppna.
Vaur DURR hahr FAHSS-nahtt ock gawr INN-teh att UHPP-nah.

How do you work the shower?
Hur fungerar duschen?
Hoor fuhnn-GEH-rahr DUSH-enn?

Are the consumables in the room free?
Är förbrukningsvarorna i rummet gratis?
Air furr-BROUK-nings-VAHR-ohr-nah ee RUMM-ett GRAH-tiss?

What is my final bill for the stay, including incidentals?
Vad är min slutfaktura för vistelsen, inklusive oförutsedda utgifter?
Vahd air minn sloot-fack-TOU-rah furr VISS-tell-senn, INN-klouss-EEV-eh OH-furr-ou-t-SEHDD-ah oot-YIFF-terr?

Can you show me the way to my room?
Kan du visa mig vägen till mitt rum?
Kann doo VEE-sah mey VEHG-enn till mitt RUMM?

Where can I get ice for my room?
Var kan jag få tag på is till mitt rum?
VAHR kann yahg faw TAHG p-aw EES till mitt RUMM?

Do you have any rooms available?
Har ni några lediga rum?
HAHR nee N-AW-grah LEH-digg-ah RUMM?

Do you sell bottled water?
Säljer ni vatten på flaska?
SELL-yerr nee VAHTT-enn p-aw FLASS-kah?

Our towels are dirty.
Våra handdukar är smutsiga.
VAU-rah hahnn-DOU-karr air SMOUTT-sigg-ah.

Have you stayed at this hotel before?
Har du bott på det här hotellet förut?
Hahr DOO BOHTT p-aw de-HAIR hoh-TELL-ett FURR-ou-t?

How much is a room for two adults?
Hur mycket kostar ett rum för två vuxna?
Huur MUECK-ett KOSS-tarr ett RUMM furr TVOH VOUCKS-nah?

Does the room come with a microwave?
Finns det mikrovågsugn på rummet?
Finns deh MICK-roh-VAUGS-oung-n p-aw RUMM-ett?

May I see the room first? That way I will know if I like it.
Kan jag få se rummet först? Så jag vet om jag gillar det.
Kann yahg faw SEH RUMM-ett fuhsh? S-aw yahg VEH-t omm yahg YILL-arr deh.

Do you have a more quiet room?
Har ni ett tystare rum?
Hahr nee ett TUESS-tah-reh RUMM?

How much is the deposit for my stay?
Hur mycket är handpenningen för min vistelse?
Huur MUECK-ett air hahnd-PENN-ing-enn furr minn VISS-tell-seh?

Is the tap water drinkable at the hotel?
Är kranvattnet drickbart på hotellet?
Air krahn-VAHTT-nett drick-BAHRT p-aw hoh-TELL-ett?

Will there be any holds on my credit card?
Kommer något belopp reserveras på mitt kreditkort?
KOMM-err N-AW-gott beh-LOPP reh-serr-VEAR-ahss p-aw mitt kreh-DEET-kohrt?

Can I get a replacement room key?
Kan jag få en ny rumsnyckel?
Kann yahg faw enn NUE rumms-NUECK-ell?

How much is a replacement room key?
Hur mycket kostar en ny rumsnyckel?
Huur MUECK-ett KOSS-tarr enn nue rumms-NUECK-ell?

Does the bathroom have a shower or a bathtub?
Har badrummet en dusch eller ett badkar?
Hahr BAHD-rumm-ett enn DUSH ELL-err ett bahd-KAHR?

Are there any English-speaking channels on the TV?
Finns det några engelskspråkiga tv-kanaler?
FINNS deh N-AW-grah ENG-ellsk-SPRAWK-igg-ah TEH-veh-kah-NAHL-err?

I want a bigger room.
Jag vill ha ett större rum.
Yahg vill hah ett STUHRR-eh RUMM.

Do you serve breakfast in the morning?
Serverar ni frukost på morgonen?
Serr-VEAR-arr nee FROUCK-osst p-aw MORR-onn-enn?

Oh, it's spacious.
Åh, det är rymligt.
Aw, deh air RUEMM-litt.

My room is this way.
Mitt rum ligger hitåt.
MITT rumm LIGG-err HEET-ott.

Straight down the hall.
Rakt fram i korridoren.
RAHKT frahmm ee korr-ih-DOOR-enn.

Can you suggest a different hotel?
Kan du föreslå ett annat hotell?
Kann doo furr-eh-SLAU ett AHNN-att hoh-TELL?

Does the room have a safe for my valuables?
Finns det ett kassaskåp i rummet för mina värdesaker?
Finns deh ett KASS-ah-SKAWP ee RUMM-ett furr MEE-nah VEHR-deh-SAH-kerr?

Clean my room, please.
Städa mitt rum, tack.
STEH-dah mitt RUMM, tack.

Don't disturb me, please.
Stör inte, tack.
STUHR INN-teh, tack.

Can you wake me up at noon?
Kan du väcka mig klockan tolv på dagen?
Kann doo VECK-ah mey KLOCK-ann TOLL-V p-aw DAHG-enn?

I would like to check out of my hotel room.
Jag skulle vilja checka ut från mitt hotellrum.
Yahg SKOULL-eh VILL-yah SHECK-ah OOT frawn mitt hoh-TELL-RUMM.

Please, clean my hotel room more often.
Snälla, städa mitt hotellrum oftare.
SNELL-ah, STEH-dah mitt hoh-TELL-RUMM OFF-tah-reh.

Is the Marriott any good?
Är Marriott bra?
Air MAHRR-ih-ott BRA?

Is it expensive to stay at the Marriott?
Är det dyrt att bo på Marriott?
Air deh DUERT att BOH p-aw MAHRR-ih-ott?

I think our room has bedbugs.
Jag tror att vårt rum har vägglöss.
Yahg trohr att vaurt rumm hahr vehgg-LUHSS.

Can you send an exterminator to our room?
Kan du skicka en skadedjurssanerare till vårt rum?
Kann doo HWICK-ah enn SKAH-deh-you-rs-sah-NEH-rah-reh till vaurt RUMM?

I need to speak to your manager.
Jag måste tala med din chef.
Yahg MOSS-teh TAH-lah meh dinn HWEHF.

Do you have the number to corporate?
Har du numret till företaget?
Hahr doo NUMM-rett till FURR-eh-TAH-gett?

Does the hotel shuttle go to the casino?
Går hotellets transfer till kasinot?
Gawr hoh-TELL-etts TRAHNNS-ferr till kah-SEE-nohtt?

Can you call me when the hotel shuttle is on its way?
Kan du ringa mig när hotelltransfern är på väg?
Kann doo RING-ah mey nair hoh-TELL-TRAHNNS-ferrn air p-aw VEHG?

Can we reserve this space for a party?
Kan vi reservera den här lokalen för en fest?
Kann vee reh-serr-VEAR-ah denn HAIR LOH-kah-lenn furr enn FESST?

What is the guest limit for reserving an area?
Vad är gästgränsen för att få boka ett område?
Vahd air yesst-GREHNN-senn furr att BOH-kah ett omm-RAWD-eh?

What are the rules for reserving an area?
Vad är reglerna för att boka ett område?
Vahd air REHG-lerr-nah furr att BOH-kah ett omm-RAWD-eh?

May we serve or drink alcohol during our get-together?
Får vi servera eller dricka alkohol under vår sammankomst?
Fawr vee serr-VEAR-ah ELL-err DRICK-ah AHLL-koh-HAUL OUNN-derr vaur SAHMM-ann-KOHMMST?

I would like to complain about a noisy room next to us.
Jag skulle vilja klaga på ett högljutt rum bredvid oss.
Yahg SKOULL-eh VILL-yah KLAH-gah p-aw ett huhg-YOUTT RUMM breh-VEED oss.

Some personal items are missing from our room.
Några personliga tillhörigheter saknas från vårt rum.
N-AW-grah peh-SHOHN-ligg-ah TILL-HUHR-igg-HEH-terr SAHK-nahss frawn vaurt rumm.

SPORTS AND EXERCISE

Can we walk faster?
Kan vi gå fortare?
Kann vee gaw FOHRT-ah-reh?

Do you want to go to a drag race track?
Vill du gå till en dragracingbana?
Vill doo GAW till enn drag-RAIS-ing-BAH-nah?

Are you taking a walk?
Går du en promenad?
Gawr doo enn prou-menn-AHD?

Do you want to jog for a kilometer or two?
Vill du jogga en eller två kilometer?
Vill doo YOGG-ah ENN ELL-err TVOH SHILL-oh-MEH-terr?

How about fast walking?
Vad sägs om att gå fort?
Vahd SEY-SS omm att gaw FOHRT?

Would you like to walk with me?
Vill du gå med mig?
Vill doo GAW meh mey?

He is a really good player.
Han är en riktigt bra spelare.
Hann air enn RICK-titt bra SPEH-lah-reh.

I feel bad that they sold him to the other team.
Det känns inte bra att de sålde honom till det andra laget.
Deh shenns INN-teh bra att domm SOLL-deh HONN-omm till deh AHNN-drah LAH-gett.

Did you see that home run?
Såg du det där frivarvet?
S-AWG doo deh-DAIR free-VAHR-vett?

I have been a fan of that team for many years.
Jag har varit ett fan av det där laget i många år.
Yahg hahr VAH-ritt ett FAN ahv deh-dair LAH-gett ee MONG-ah aur.

Who is your favorite team?
Vilket är ditt favoritlag?
VILL-kett air ditt fah-voh-REET-LAHG?

Pelé is my favorite player.
Pelé är min favoritspelare.
Pell-EH air minn fah-voh-REET-SPEHL-arr-eh.

Do you like soccer?
Gillar du fotboll?
YILL-arr doo foht-BOLL?

Do you watch American football?
Kollar du på amerikansk fotboll?
KOLL-arr doo p-aw amm-rih-KAHNSK foht-BOLL?

Are there any games on right now?
Är det några matcher på just nu?
Air deh N-AW-grah MATTSH-err P-AW yusst nou?

That was a bad call by the ref.
Det där var ett dåligt beslut av domaren.
Deh-DAIR vahr ett DAWL-itt beh-SLOOT ahv DOHMM-ah-renn.

I put a lot of money on this game.
Jag satsade mycket pengar på den här matchen.
Yahg SAHTT-sah-deh MUECK-ett PENG-arr p-aw denn HAIR MATTSH-enn.

His stats have been incredible this season.
Hans statistik har varit otrolig den här säsongen.
Hanns stah-tih-STEEK hahr VAH-ritt oh-TROU-ligg denn HAIR seh-SONG-enn.

Do you want to play baseball today?
Vill du spela baseboll idag?
Vill doo SPEHL-ah base-BOLL ih-DAHG?

Let's go to the soccer field and practice.
Låt oss gå till fotbollsplanen och träna.
L-awt oss gaw till foht-bolls-PLAHN-enn ock TREH-nah.

I am barely working up a sweat.
Jag svettas knappt.
Yahg SVEHTT-ahss knahppt.

Let's go to the gym and lift weights.
Låt oss gå till gymmet och styrketräna.
L-awt oss gaw till YUEMM-ett ock stuerr-keh-TREH-nah.

Give me more weights.
Ge mig fler vikter.
Yeh mey flehr VICK-terr.

Take some weights off.
Ta av några vikter.
Tah AHV N-AW-grah VICK-terr.

Will you spot me?
Kan du passa mig?
Kann doo PAHSS-ah mey?

How long do you want to run on the treadmill?
Hur länge vill du springa på löpbandet?
Huur LENG-eh vill doo SPRING-ah p-aw luhp-BANN-dett?

Is this the best gym in the area?
Är det här det bästa gymmet i området?
Air de-HAIR deh BESS-tah YUEMM-ett ee omm-RAWD-ett?

Do I need a membership to enter this gym?
Behöver jag ett medlemskap för att gå in i det här gymmet?
Beh-UH-verr yahg ett mehd-lemm-SKAHP furr att gaw inn ee de-HAIR YUEMM-ett?

Do you have trial memberships for tourists?
Har du provmedlemskap för turister?
Hahr doo PROUV-mehd-lemm-SKAHP furr tou-RISS-terr?

My muscles are still sore from the last workout.
Mina muskler är fortfarande ömma sedan det förra träningspasset.
MEE-nah MOUSS-klerr air fohrt-FAHR-ann-deh UHMM-ah senn deh FURR-ah TREH-nings-PAHSS-ett.

Give me a second while I adjust this.
Ge mig ett ögonblick medan jag justerar den här.
Yeh mey ett UH-gonn-BLICK MEHD-ann yahg hwouss-TEH-rarr denn HAIR.

Time to hit the steam room!
Dags för ångbastun!
DAHCKS furr aung-BAHSST-ounn!

You can put that in my locker.
Du kan lägga det där i mitt skåp.
Doo kann LEGG-ah deh-DAIR ee mitt SKAWP.

I think we have to take turns on this machine.
Jag tror vi får turas om att använda den här maskinen.
Yahg trohr vee fawr tou-rahss omm att ahnn-VENN-dah denn HAIR mah-HWEEN-enn.

Make sure to wipe down the equipment when you are done.
Se till att du torkar av utrustningen när du är klar.
Seh till att doo TOHRR-kahrr AHV oot-ROUSST-ning-enn nair doo air KLAHR.

Is there a time limit on working out here?
Finns det någon tidsgräns för att träna här?
FINNS deh N-AW-gonn teeds-GREHNNS furr att TREH-nah hair?

We should run a marathon.
Vi borde springa ett maraton.
Vee BOUR-deh SPRING-ah ett MAH-rah-TONN.

How has your diet been going?
Hur har det gått med din diet?
Huur hahr deh GOTT meh dinn dih-EHT?

Are you doing keto?
Kör du keto?
Shuhr doo KEH-toh?

Make sure to stay hydrated while you work out.
Se till att du dricker ordentligt medan du tränar.
Seh till att doo DRICK-err ohr-DENNT-litt meh-dann doo TREH-narr.

I'll go grab you a protein shake.
Jag går och hämtar en proteinshake till dig.
Yahg gawr ock HEMM-tarr enn proh-teh-EEN-SHAKE till dey.

Do you want anything else? I'm buying.
Vill du ha något annat? Jag bjuder.
Vill doo hah N-AW-gott AHNN-att? Yahg BYOU-derr.

I need to buy some equipment before I play that.
Jag behöver köpa lite utrustning innan jag spelar det där.
Yahg beh-UH-verr SHUH-pah LEE-teh oot-ROUSST-ning inn-AHNN yahg SPEHL-arr deh-dair.

Do you want to spar?
Vill du sparra?
Vill doo SPAHRR-ah?

Full contact sparring.
Fullkontakt sparring.
Fuhll-konn-TACKT-SPAHRR-ing.

Just a simple practice round.
Bara en enkel provrunda.
BAH-rah enn ENN-kell prohv-RUNN-dah.

Do you want to wrestle?
Vill du brottas?
Vill doo BROHTT-ahss?

What are the rules to play this game?
Vad är reglerna för det här spelet?
Vahd air REHG-lerr-nah furr de-HAIR SPEHL-ett?

Do we need a referee?
Behöver vi en domare?
Beh-UH-verr vee enn DOHM-ah-reh?

I don't agree with that call.
Jag håller inte med om det där beslutet.
Yahg HOLL-err INN-teh meh omm deh-dair beh-SLOOT-ett.

Can we get another opinion on that score?
Kan vi få en annan åsikt om den poängen?
Kann vee faw enn AHNN-ahn AUSS-ickt omm denn poh-EHNG-enn?

How about a game of table tennis?
Vad sägs om en bordtennis match?
Vahd SEY-SS omm enn BOURD-tenn-iss-MATTSH?

Do you want to team up?
Vill du vara på samma lag?
Vill doo VAH-rah p-aw SAHMM-ah LAHG?

Goal!
Mål!
Maul!

Homerun!
Frivarv!
Free-vah-rv!

Touchdown!
Touchdown!
TOUCH-down!

Score!
Poäng!
Poh-EHNG!

On your mark, get set, go!
På era platser, färdiga, gå!
P-AW eh-rah PLAHTT-serr, FEHR-digg-ahh, GAW!

Do you want to borrow my equipment?
Vill du låna min utrustning?
Vill doo LAUN-ah minn oot-ROUSST-ning?

Pause the game for a second.
Pausa spelet en sekund.
POW-sah SPEHL-ett enn seh-KOUNND.

I don't understand the rules of this game.
Jag förstår inte reglerna för det här spelet.
Yahg fuhsh-TAWR INN-teh REHG-lerr-nah furr de-HAIR SPEHL-ett.

Timeout!
Time-out!
Time-out!

Can we switch sides?
Kan vi byta sida?
Kann vee BUE-tah SEE-dah?

There is something wrong with my equipment.
Det är något fel på min utrustning.
Deh air N-AW-gott FEHL p-aw minn oot-ROUSST-ning.

How about another game?
Vad sägs om ett annat spel?
Vahd SEY-SS omm ett AHNN-att spehl?

I would like a do-over of that last game.
Jag skulle vilja göra om den sista matchen.
Yahg SKOULL-eh VILL-yah YUH-rah OMM dehn SISS-tah MATTSH-enn.

Do want to go golfing?
Vill du golfa?
Vill doo GOLLF-ah?

Where can we get a golf cart?
Var kan vi få tag på en golfbil?
VAHR kann vee faw tahg p-aw enn golf-BEEL?

Do you have your own clubs?
Har du dina egna klubbor?
Hahr doo DEE-nah EHG-nah KLOUBB-ohrr?

Would you like to play with my spare clubs?
Skulle du vilja spela med mina reservklubbor?
SKOULL-eh DOO VILL-yah SPEH-lah meh MEE-nah reh-SERRV-KLOUBB-ohrr?

How many holes do you want to play?
Hur många hål vill du gå?
Huur MONG-ah HAWL vill doo gaw?

Do I have to be a member of this club to play?
Måste jag vara medlem i den här klubben för att spela?
MOSS-teh yahg VAH-rah mehd-LEMM ee denn HAIR KLOUBB-enn furr att SPEH-lah?

Let me ice this down, it is sore.
Låt mig lägga is på det här, det är ömt.
L-awt mey LEGG-ah EES p-aw de-HAIR, deh air UHMT.

I can't keep up, slow down.
Jag hänger inte med, sakta ner.
Yahg HENG-err INN-teh meh, SACK-tah nehr.

Let's pick up the pace a little bit.
Låt oss snabba på lite.
L-awt oss SNAHBB-ah P-AW LEE-teh.

Do you need help with that?
Behöver du hjälp med det där?
Beh-UH-verr doo YELLP meh deh-DAIR?

Am I being unfair?
Är jag orättvis?
Air yahg OH-rett-VEES?

Let's switch teams for the next game.
Låt oss byta lag för nästa match.
L-awt oss BUE-tah LAHG furr NESS-tah MATTSH.

Hand me those weights.
Ge mig de där vikterna.
Yeh mey domm-DAIR VICK-terr-nah.

THE FIRST 24 HOURS AFTER ARRIVING

When did you arrive?
När anlände du?
Nair ahnn-LEHNN-deh doo?

That was a very pleasant flight.
Det där var en mycket trevlig flygresa.
Deh-DAIR vahr enn MUECK-ett TREH-vligg flueg-REH-sah.

Yes, it was a very peaceful trip. Nothing bad happened.
Ja, det var en väldigt lugn resa. Inget dåligt hände.
Yah, deh vahr enn VELL-ditt LOUNGN REH-ah. ING-ett DAWL-itt HENN-deh.

I have jetlag so I need to lay down for a bit.
Jag har jetlag så jag behöver lägga mig ner en stund.
Yahg hahr YETT-lagg s-aw yahg beh-UH-verr LEGG-ah mey nehr enn STOUNND.

No, that was my first time flying.
Nej, det där var första gången jag flög.
Ney, deh-DAIR vahr FUHSH-tah GONG-enn yahg FLUHG.

When is the check-in time?
När är det tid för incheckning?
Nair air deh teed furr inn-SHECK-ning?

Do we need to take out cash?
Behöver vi ta ut kontanter?
Beh-UH-verr vee tah oot konn-TAHNN-terr?

How much money do you have on you?
Hur mycket pengar har du på dig?
Huur MUECK-ett PENG-arr hahr doo P-AW dey?

How long do you want to stay here?
Hur länge vill du stanna här?
Huur LENG-eh vill doo STAHNN-ah hair?

Do we have all of our luggage?
Har vi allt vårt bagage?
HAHR vee AHLLT vaurt bah-GAHSH?

Let's walk around the city a bit before checking in.
Låt oss gå runt staden ett tag innan vi checkar in.
L-awt oss gaw ROUNNT STAHN ett tahg inn-AHNN vee SHECK-arr inn.

When is the check-in time for our hotel?
När är det tid för incheckning på vårt hotell?
Nair air deh teed furr inn-SHECK-ning p-aw vaurt hoh-TELL?

I'll call the landlord and let him know we landed.
Jag ringer hyresvärden och säger att vi har landat.
Yahg RING-err huer-ess-VEHR-denn ock SEY-err att vee hahr LAHNN-dahtt.

Let's find a place to rent a car.
Låt oss hitta ett ställe där vi kan hyra en bil.
L-awt oss HITT-ah ett STELL-eh dair vee kann HUER-ah enn beel.

Let's walk around the hotel room and make sure it's okay.
Låt oss gå runt hotellrummet och se till att det är okej.
L-awt oss gaw ROUNNT hoh-TELL-RUMM-ett ock seh till att deh air ock-ey.

We'll look at our apartment and make sure everything is in order.
Vi ser över vår lägenhet och försäkrar att allt är i sin ordning.
Veesehr ower vaur leh-genn-HEHT ock fuhr-SAI-krar att AHLLT air ee sinn AUR-ning.

THE LAST 24 HOURS BEFORE LEAVING

Where are the passports?
Var är passen?
VAHR air PAHSS-enn?

Did you fill out the customs forms?
Fyllde du i tulldeklarationerna?
FUELL-deh doo ee TOULL-deh-klah-rah-HWOHN-err-nah?

Make sure to pack everything.
Se till att packa allt.
Seh till att PACK-ah AHLLT.

Where are we going?
Vart ska vi?
Vahrt SKAH vee?

Which flight are we taking?
Vilket flyg ska vi ta?
VILL-kett FLUEG skah vee tah?

Check your pockets.
Kolla dina fickor.
KOLL-ah DEE-nah FICK-or.

I need to declare some things for customs.
Jag måste deklarera några saker för tullen.
Yahg MOSS-teh deck-lah-REH-rah N-AW-grah SAHK-err furr TOULL-enn.

No, I have nothing to declare.
Nej, jag har inget att förtulla.
Ney, yahg hahr ING-ett att furr-TOULL-ah.

What is the checkout time?
Vilken tid är utcheckningen?
VILL-kenn teedr air oot-SHECK-ning-enn?

Make sure your phone is charged.
Se till att din telefon är laddad.
Seh till att dinn tell-eh-FAUN air LAHDD-ahdd.

Does this cost anything?
Kostar det här något?
KOSS-tarr de-HAIR N-AW-gott?

Do we have any outstanding bills to pay?
Har vi några obetalda räkningar att betala?
Hahr vee N-AW-grah oh- beh-TAH-ldah h REHK-ning-arr att beh-TAH-lah?

What time does our flight leave?
Hur dags går vårt flyg?
Huur DAHCKS GAWR vaurt FLUEG?

What time do we need to be in the airport?
Hur dags måste vi vara på flygplatsen?
Huur DAHCKS MOSS-teh vee VAH-rah p-aw flueg-PLAHTT-senn

How bad is the traffic going in the direction of the airport?
Hur mycket trafik är det på väg mot flygplatsen?
Huur MUECK-ett trah-FEEK air deh p-aw VEHG moht flueg-PLAHTT-senn?

Are there any detours we can take?
Finns det några omvägar vi kan ta?
FINNS deh N-AW-grah omm-VEH-garr vee kann TAH?

What haven't we seen from our list since we've been down here?
Vad på vår lista har vi inte sett sedan vi kom ner hit?
Vahd p-aw vaur LISS-tah hahr vee INN-teh sett senn vee komm nehr heet?

We should really buy some souvenirs here.
Vi borde verkligen köpa några souvenirer här.
Vee BOUR-deh VEHRR-klih-enn SHUH-pah N-AW-grah soh-venn-EER-err hair.

Do you know any shortcuts that would get us there faster?
Vet du några genvägar som skulle ta oss dit fortare?
Veht doo N-AW-grah yehn-VEH-garr somm SKOULL-eh TAH oss deet FOHRT-ah-reh?

GPS the location and save it.
Sök upp och spara platsen på GPS:en.
Suhk OUPP ock SPAH-rah PLAHTTS-enn p-aw GEH-PEH-ESS-enn.

Are the items we're bringing back allowed on the plane?
Är föremålen vi tar tillbaka tillåtna på planet?
Air furr-eh-MAUL-enn vee tahr till-BAH-kah till-AUT-nah p-aw PLAHN-ett?

We should call our family back home before leaving.
Vi borde ringa vår familj hemma innan vi åker.
Vee BOUR-deh RING-ah vaur fah-MILL-iy HEMM-ah inn-AHNN vee AUK-err.

Make sure the pet cage is locked.
Se till att djurburen är låst.
Seh till att you-r-BOU-renn air LAUSST.

Go through your luggage again.
Gå igenom ditt bagage igen.
Gaw ih-YEH-nomm ditt bah-GAHSH ih-YEN.

CONCLUSION

Congratulations! You have reached the end of this book and learned over **1,500** ways to express yourself in the Swedish language! It is a moment to celebrate, since you are now much closer to achieving complete fluency ~~of~~ in the Swedish tongue.

However, the learning simply cannot end here – you may have unlocked a massive amount of incredibly useful day-to-day phrases that will get you anywhere you need to go, but are you prepared to use them correctly? Furthermore, will you actually remember them during your travels when faced with one of the situations we've presented in this book?

Only by continuously studying the material found in these chapters will you ever be able to summon the words and phrases encountered above, since it isn't a matter of *what* the phrases are but *how* and *when* to use them. Knowing the exact context is crucial, as well as reinforcing your knowledge with other materials.

For this reason, we have created a quick list of tips on how to make the most of this Swedish Phrasebook and expand your vocabulary and grasp of the Swedish language even more:

1. **Practice every day:** You can be very good at something thanks to natural talent, but practice is the only way to *stay* good. Make sure to keep picking up the book and read the words, say them out loud and take note of your mistakes so you can correct them.

2. **Read while listening:** A very popular and modern way of learning a new language is by using the RWL (reading while listening) method. It has been proven that this method can greatly boost fluency, help you ace language tests, and improve your learning in other subjects. Feel free to try out our audiobooks and other listening materials in Swedish – you'll love them!

3. **Studying in groups:** It's always more fun to go on an adventure together – even if it's a language adventure! You'll enjoy yourself

more if you can find someone who wants to learn with you. Look to your friends, your partner, your family members, or your colleagues for support, and maybe they can even help you make the process easier and more enjoyable!

4. **Creating your own exercises:** This book provides you with plenty of material for your learning process. However, you need to keep challenging yourself and increase the difficulty by looking for other words and phrases in the Swedish language which you don't know already the pronunciation to and trying to decipher them for yourself. Use the knowledge you've gained through previous lessons to discover entirely new words!

With that said, we have now fully concluded this Swedish Phrasebook, which will surely accelerate your learning to new levels. Don't forget to follow every tip we've included and keep an eye out for our additional Swedish materials!

MORE BOOKS BY LINGO MASTERY

Are you trying to learn Swedish – but can't find the right reading material?

We understand how difficult it is to find Swedish learning material. Finding the right teacher, books or even peers to study with can be incredibly difficult, and we've been there before. There is a demand... but not enough supply. It can get frustrating.

Which is why we've created **Swedish Short Stories for Beginners**, a book made to ensure that young and old students at the entry level of learning can take advantage of a valuable opportunity in learning the Swedish tongue.

Twenty easy-to-read, entertaining and interesting stories await inside, along with the best tools to help you practice once you're done reading each tale. Our book will ensure you not only can read something that will expand your knowledge on Swedish, but that you will understand and be able to pick it apart piece by piece in your quest for learning.

How Swedish Short Stories for Beginners works:

- Each story will contain an important lesson of the tools and skills needed to learn the Swedish language (nouns, pronouns, future tense, traveling terms, and more), involving an interesting and entertaining story with realistic dialogues and day-to-day situations.

- The summaries follow: a synopsis in Swedish and in English of what you just read, both to review the lesson and for you to see if you understood what the tale was about.
- At the end of those summaries, you'll be provided with a list of the most relevant vocabulary involved in the lesson, as well as slang and sayings that you may not have understood at first glance!
- Finally, you'll be provided with a set of tricky questions in Swedish, providing you with the chance to prove that you learned something in the story. Don't worry if you don't know the answer to any — we will provide them immediately after, but no cheating!

Do you think you can handle it? If the answer is yes, then you're definitely on your way to becoming a fluent Swedish speaker, and we'll certainly make that dream come true!

So look no further! Pick up your copy of **Swedish Short Stories for Beginners** and start learning Swedish right now!

Made in the USA
Middletown, DE
28 December 2021

57206569R00106